DÌLEAB
CHOLBHASACH
A COLONSAY LEGACY

Do 'na balaich',
Ruairidh, Alasdair agus Eòghann

Air fhoillseachadh ann an 2013 le Acair Earranta,
7 Sràid Sheumais, Steòrnabhagh, Eilean Leòdhais HS1 2QN

www.acairbooks.com
info@acairbooks.com

Na còraichean uile glèidhte. Chan fhaodar pàirt sam bith dhen leabhar seo ath-riochdachadh an cruth sam bith, no an dòigh sam bith, gun chead ro-làimh ann an sgrìobhadh bho Acair.

© an teacsa agus nan dealbhan Mòrag Law

An dealbhachadh agus an còmhdach Joan Macrae-Smith

Clò-bhuailte le Gomer Press, A' Chuimrigh

Chuidich Comhairle nan Leabhraichean am foillsichear le cosgaisean an leabhair seo.

Tha Acair a' faighinn taic bho Bhòrd na Gàidhlig.

Thug Bòrd na Gàidhlig agus Comhairle nan Leabhraichean taic a bharrachd tro sgeama GLAIF.

LAGE/ISBN 9780861523443

DÌLEAB
CHOLBHASACH
A COLONSAY LEGACY

AISTEAN À EILEAN CHOLBHASAIGH LE **BARBARA SATCHEL**
AIR AN DEASACHADH LE **MÒRAG LAW**

Bu toigh leam taing a thoirt do dh'Iain MacDhòmhnaill,
Norma NicLeòid, Agnes Rennie agus don a h-uile duine aig Acair,
do Fhlòraidh NicNèill, Alasdair MacNèill Scouller,
Màiri NicIlleMhìcheil agus Keith Rutherford – agus do na càirdean
agus na caraidean a thug taic agus brosnachadh dhomh – gu h-àraidh
Alasdair Law, Callum Satchel agus Sandy Mullay.

Ann a bhith a' deasachadh an leabhair seo tha Acair
air feuchainn ri cumail ri cleachdaidhean Gàidhlig Cholbhasaigh,
mar a bha Barbara Satchel a' sgrìobhadh sna h-artaigilean bho
thùs, le stiùireadh bho Mhòrag Law, nighean Barbara Satchel,
agus comhairle bho Alasdair MacNèill Scouller.

This book contains English summaries
and translations, provided by Morag Law.
These versions are not parallel versions, but are designed
to provide the reader with a strong sense,
in both languages, of the life of Barbara Satchel.

CLÀR-INNSE
CONTENTS

MAPA CHOLBHASAIGH   7
MAP OF COLONSAY

RO-RÀDH   8
PREFACE

TEAGHLACH   12
FAMILY

AN RIASG BUIDHE AGUS A' GHLAS-ÀIRD   16
RIASG BUIDHE AND GLASSARD

EILEAN ORASAIGH AGUS MUINNTIREAS   18
ORONSAY AND DOMESTIC SERVICE

PÒSADH   20
MARRAIGE

TILLEADH GU COLBHASAIGH   22
RETURN TO COLONSAY

SIORRACHD PHEAIRT AGUS AN T-EILEAN SGITHEANACH   28
PERTHSHIRE AND THE ISLE OF SKYE

DÙN OMHAIN   38
DUNOON

A' SGRÌOBHADH, A' SIUBHAL AGUS A' TEAGASG   42
WRITING, TRAVELLING AND TEACHING

DEIREADH AN SGEÒIL   46
THE END OF THE STORY

CLÀR-INNSE
CONTENTS

ARTAIGILEAN BARBRA CHOLLA:
GAIRM ARTICLES BY BARBARA (MACALLISTER) SATCHEL:

1. AN RIASG BUIDHE — 52
   RIASG BUIDHE

2. LÀITHEAN M' ÒIGE ANNS A' GHLAS-ÀIRD — 58
   MY YOUNG DAYS IN GLASSARD

3. SGOIL CHOLBHASAIGH — 66
   COLONSAY SCHOOL

4. CAMANACHD ANN AN EILEAN CHOLBHASAIGH — 78
   SHINTY IN COLONSAY

5. EILEAN ORASAIGH — 82
   THE ISLAND OF ORONSAY

6. AM MEASG NAN CNOCAN DUBHA — 92
   AROUND THE BLACK MOUNT

7. SEALLADH BHOM UINNEIG — 98
   A VIEW FROM MY WINDOW

   CLÀR-AMA — 100
   APPENDIX

COLONSAY
Kiloran Bay
Balnahard
Uragaig
Kiloran
School
Riasg Buidhe
Kilchattan
Loch Fada
Glassard
Scalasaig
The
Golf
Course
Machrins
Garvard
Ardskenish
Baleromin Mòr
Tràigh nam Bàrc
The
Strand
Farm
Priory
ORONSAY
Eilean Ghaoideamail
Eilean nan Eòin
Eilean nan Ròn

RO-RÀDH

"Rugadh mo mhàthair ann an Colbhasaigh, bha beatha gu math inntinneach aice, agus i na gaisgeach a thaobh na Gàidhlig fad a beatha."

'S iad sin na faclan a chleachd mise nuair a sgrìobh mi gu Acair airson a' chiad uair airson faighinn a-mach am biodh cothrom ann sgrìobhaidhean mo mhàthar fhoillseachadh. Tha mi a' creidsinn gu bheil dearbh bhrìgh mo mhàthar – Barbara Satchel (NicAlasdair) no 'Barbra Cholla' – anns an t-seantans bheag shìmplidh sin.

Thòisich i a' sgrìobhadh anns a' Ghàidhlig 's i fhathast na caileig òig. Bha i gu sònraichte fortanach, oir ged a chaidh i dhan sgoil anns na Ficheadan air eilean beag iomallach, fhuair i foghlam anns a' Ghàidhlig agus anns a' Bheurla, agus nuair a dh'fhàg i an sgoil bha comasan math aice ann an leughadh agus an sgrìobhadh. Cha do dh'fhàg na sgilean sin i fad a beatha – gu dearbha, rinn i oidhirpean air an leasachadh a h-uile cothrom a bh' aice. Ach gun teagamh 's e an rud bu luachmhoire buileach gum b' e Gàidhlig Cholbhasach a chleachd i anns na sgrìobhaidhean aice a bha a' leantainn gu dlùth ris an dòigh san robh muinntir an eilein a' bruidhinn. Nuair a tha mi fhèin gan leughadh a-nis, tha mi a' cluinntinn mac-talla guthan seann ghinealaich a bha a' fuireach anns an eilean fhad 's a bha mi fhìn a' fàs suas, oir tha mòran eisimpleirean de dhualchainnt Cholbhasach nam measg.

Bha mo mhàthair daonnan mothachail air cho prìseil 's a bha an cultar agus an dualchas a bh' aice, agus a bharrachd air sgrìobhadh rinn i oidhirpean mòra air Gàidhlig a chleachdadh agus a bhrosnachadh ann an iomadach àite – ann an Colbhasaigh fhèin, ann an Siorrachd Pheairt, san Eilean Sgitheanach agus an Dùn Omhain – fiù 's ceann a deas Shasainn!

Preface

"She was born in Colonsay, she led a very interesting life and was a life long champion of Gaelic."

These are the words I used when I wrote to Acair for the first time to find out if there would be any possibility of having my mother's writings published, and I believe that the very essence of Barbara Satchel (née MacAllister) or 'Barbra Cholla' is to be found in that simple little sentence.

She began writing in Gaelic when she was still a young girl, having had the great good fortune of being taught both Gaelic and English at school – something that might not be expected on a small, remote Hebridean island during the 1920s. By the time she left school she had attained a high level of literacy in both languages and was an avid reader and letter-writer. Her Gaelic literacy skills were never to leave her and, throughout her life, she made every attempt to develop them whenever possible. However, the most notable thing of all is that she used Colonsay Gaelic in her writings – following the speech patterns of the islanders very closely - and when I read them I can hear the echo of voices of an older generation who still lived on the island when I was growing up.

My mother was keenly aware of how precious her culture and heritage were, and as well as her writing, she made strenuous efforts to speak Gaelic – and encourage others to do so – in all of the many places she was to live: Colonsay, Perthshire, the Isle of Skye, Dunoon and even the south of England! She strove to forge strong links with Gaelic speakers and activists in each area too, and, if necessary, would readily modify her Colonsay accent to make herself better understood.

RO-RÀDH

Rinn i a dìcheall ceanglaichean làidir a thogail le luchd na Gàidhlig anns gach àite cuideachd, agus cha robh i mall a blas Colbhasach atharrachadh airson conaltradh na b' fhasa a dhèanamh.

Rinn i a' mhòr-chuid de na sgrìobhaidhean aice eadar 1983 agus 1997, a' gabhail a-steach nan seachd artaigilean a sgrìobh i airson na h-iris Gairm a tha nam bun-stèidh don leabhar seo. Chan e sealladh tarraingeach air làithean a h-òige a-mhàin a th' annta ach sealladh beag air caractar mo mhàthar fhèin cuideachd.

Nuair a chaochail i ann an 1997, dh'fhàg i dìleab a bha luachmhor ann an iomadach dòigh, oir a bharrachd air na h-artaigilean seo dh'fhàg i bàrdachd, sgeulachdan goirid, clàraidhean agus cruinneachadh mòr, farsaing de leabhraichean Gàidhlig. Tha mi cinnteach gum biodh mo mhàthair glè thoilichte fios a bhith aice gun robh pàirt den dìleab seo air a roinn a-mach do leughadairean an leabhair seo.

Mòrag Law

Preface

Most of her writing was completed between 1983 and 1997, including the seven articles for *Gairm* magazine which form the basis of this book. Not only do they provide us with a vivid picture of life on Colonsay in her youth, but they give us an insight into her own character too.

Morag Law

TEAGHLACH

Rugadh mo mhàthair, Barbra NicNèill NicAlasdair, ann an 1917 ann an Riasg Buidhe – sreang bheag de thaighean-tughaidh air taobh an ear an eilein. Bhuineadh i do theaghlach MhicAlasdair, aig an robh ceangal dlùth eachdraidheil ris a' bhaile, agus tha e coltach gum b' e sìol de dh'Alasdair MacDhòmhnaill (Alasdair Mac Cholla Chiotaich), a chuir seachad ùine anns an eilean anns an t-seachdamh linn deug, a bh' annta.

Bha a h-athair, Colla MacAlasdair, na dhuine beag beothail agus càirdeil. Ma tha sibh air an leabhar *The Crofter and The Laird* le John MacPhee, an t-ùghdar Ameireaganach, fhaicinn, 's e aghaidh mo sheanar a tha a' coimhead a-mach oirbh bhon chòmhdach le a shùilean mì-mhodhail, gleansach, agus pìob na bheul – ged nach b' esan cuspair an sgeòil sin! A bharrachd air croitearachd agus iasgach, bhiodh e a' càradh rathaidean-mòra an eilein agus bha cothrom aige coinneachadh gu tric le luchd-turais. Abair gun do chòrd e ris a bhith a' bruidhinn riutha 's ag innse dhaibh mun eilean, agus nan robh e gan coinneachadh ann am bàr an taigh-òsta (an 'Tap Room') ann an Sgalasaig, bha sin na b' fheàrr buileach!

Bha Colla pòsta aig ban-Cholbhasach, Annabella NicNèill. Chan ann à Riasg Buidhe a bha ise ach à baile beag faisg air Sgalasaig dom b' ainm 'Squint Street' ('An t Sràid Cham'). Bha i na boireannach còir, coibhneil, daonnan deònach cuideachadh a thoirt do nàbaidhean agus càirdean. Bha i mu shia troigh a dh'àirde agus 's e 'Belle Mhòr' am far-ainm a bh' oirre.

Bha teaghlach mo mhàthair uile measail air ceòl agus seinn – bha Colla math air dannsadh agus air cluich na tromba, agus bha guth brèagha aig mo sheanmhair. Bhiodh òigridh a' bhaile a' coinneachadh san dachaigh aca gu tric airson geamaichean, spòrs no cèilidhean. Tha cuimhn' agam air mo mhàthair a bhith a' faicinn clann a' dèanamh ùpraid agus a' ruith 's a' leum san taigh agamsa nuair a bha mo bhalaich fhèin òg. Dh'innis i dhomh gun robh seo a' cur a màthar chòir, fhoighidnich na cuimhne, a' feuchainn ri obair-taighe a dhèanamh am measg sluaigh de chloinn no òigridh 's i ag ràdh, "Amhairc sibh uile … a' ruith 's a' leum, a-null 's a-nall, a-mach 's a-steach, a' bonnsachd 's a' hìobhadh!"

Bha ochdnar cloinne aig mo sheann-phàrantan a dh'fhàs gu inbhe – Calum, Mòrag, Alasdair (Aldy), Niall, Katrine (Katy), Barbara (Barbra), Kirsty agus Dòmhnall. Bha balach beag eile aca cuideachd – Donnchadh – a chaochail nuair

FAMILY

Barbara MacNeill MacAllister was born in 1917, in Riasg Buidhe, on the eastern side of the island of Colonsay. The MacAllister family had strong historical links with the village and are believed to be descendants of Alasdair, son of Colkitto MacDonald, who spent time on the island in the 17th century.

Her father, Coll MacAllister, was a lively, sociable little man whose characterful face appears on the front cover of *The Crofter and the Laird* by the American author John MacPhee – despite not being the subject of the book. Along with crofting and fishing, he maintained the island's main road, giving him ample opportunity to meet visitors and spend time sharing his local knowledge with them. If the opportunity arose to join them later for a drink at the hotel bar (the 'Tap Room'), then this was an added perk of the job!

Coll was married to Annabella MacNeill, who was from a little township close to the main village of Scalasaig called 'Squint Street'. Annabella was a kind-hearted and generous woman with a reputation as a dependable and helpful neighbour. She also stood about six feet tall and so was nicknamed 'Big Belle'.

My mother's family were all fond of music – Coll was an energetic dancer and played the jew's harp, and my grandmother was a good singer. Their house was also the one most favoured by the village youngsters for fun and games or ceilidhs. My mother frequently recalled this when watching the antics of her grandsons and their friends in my house, as it reminded her of her kindly, long-suffering mother trying to do household chores amongst a crowd of lively youngsters and exclaiming, "Look at you all ... running and jumping, backwards and forwards, inside and outside, bouncing and heaving!"

Of my grandparents' nine children, eight survived to maturity. These were Calum, Morag, Alasdair (Aldy), Niall, Katrine (Katy), Barbara (Barbra), Kirsty and Donald. Another son, Duncan, died in infancy. Colonsay Gaelic, which is similar to that of Islay, was the day-to-day language of the family. Sadly, there are now only a handful of speakers left, and so it is especially valuable that my mother used her own dialect when writing her articles.

TEAGHLACH

a bha e na leanabh. B' e Gàidhlig Cholbhasach cainnt làitheil an teaghlaich. Tha i coltach ri Gàidhlig Ìle, le briathrachas, structar agus fuaimneachadh sònraichte. Chan eil mòran dhaoine ga bruidhinn a-nis, agus mar sin rinn mo mhàthair rud gu sònraichte fiachail nuair a chleachd i an dualchainnt aice fhèin airson nan artaigilean.

Pòsadh Mòraig NicAlasdair *(piuthar a bu shine Barbra)* agus Charles Titterton.
Tha teaghlach MhicAlasdair uile an làthair agus is e Barbra a' chiad thè air an làimh chlì

Barbra air latha pòsaidh còmhla ri a piuthair, Ceitidh, agus nàbaidh.
Sa Ghlas-Àird, san Dàmhair, 1945

RIASG BUIDHE AGUS A' GHLAS-ÀIRD

B' iad na bliadhnaichean 1917-1922, nuair a bha mo mhàthair na pàiste òg, na làithean mu dheireadh den t-seann dhòigh-beatha anns an eilean – ann an coimhearsnachd theann, far an robh a h-uile duine eòlach air a chèile. B' e coimhearsnachd neoichiontach a bh' ann, an taca ri saoghal an là an-diugh, far an robh e nàdarra do chloinn a bhith a' tadhal gu tric air nàbaidhean. Ged a bha saorsainn gu leòr aca, bha a' chlann air an dìon 's iad air an cuartachadh le inbhich a bha a' cumail sùil orra fad na h-ùine. Ann an dòigh b' e saoghal beag sàbhailte a bh' ann, ach aig an aon àm cha robh e furasta dha na croitearan beòshlaint a dhèanamh. Bha aca ri obrachadh gu math cruaidh – às aonais dealain 's phìoban-uisge 's gun mòran innealan airson croitearachd no carbadan airson siubhal. Bha na croitean fhèin pìos math air falbh bho na taighean agus bha an t-astar sin a' cur ris an obair.

Mar sin, b' e rud gasta a bh' ann nuair a ghluais teaghlach mo mhàthar dhan Ghlas-Àird ann an 1922, oir an coimeas ri seann taighean Riasg Buidhe far nach robh ach dà sheòmar agus lobhta, bha taighean na Glas-Àird fada na bu mhotha. Bha dà làr agus staidhre aca agus bha iad faisg air goireasan an eilein. B' e 'Number Three Glassard' taigh mo sheann-phàrantan agus tha mi gu math toilichte gu bheil an taigh sin fhathast aig caraid agam.

Thòisich mo mhàthair aig an sgoil nuair a bha i a' fuireach anns a' Ghlas-Àird. Chòrd a h-uile cuspair rithe gu mòr – ach gu h-àraidh an ceòl, an dràma agus an t-eòlas-àrainneachd. Bha meas mòr aice air an tidsear, Seònaid NicFhionghain, agus tha seo gu math follaiseach anns a h-uile facal a sgrìobh i mu a deidhinn.

Ach feumaidh mi aideachadh nach robh cùisean daonnan cho math san sgoil. Aig amannan bha duilgheadasan ann a bha a' toirt droch bhuaidh air cho tric 's a bha a' chlann a' frithealachadh na sgoile, mar droch shìde, tinneas ('s gu tric cha robh dotair anns an eilean) no a bhith a' cuideachadh le obair-croitearachd no obair-taighe. A bharrachd air a seo, cha robh togalach na sgoile uabhasach freagarrach – bha e gu math fuar agus air uairean bhiodh an t-uisge a' tighinn a-staigh.

Ach a dh'aindeoin nan duilgheadasan seo fhuair mo mhàthair 's a teaghlach foghlam a bha glè mhath – gu sònraichte 's gun robh pàirt dheth tro mheadhan na Gàidhlig.

RIASG BUIDHE AND GLASSARD

An old, traditional way of life was drawing to a close during my mother's early years in Riasg Buidhe. In this tight-knit, supportive community children grew up surrounded by family and kindly neighbours, and it would be easy to view this kind of lifestyle through rose-coloured spectacles. In reality, life for the crofter-fishermen and their families held numerous hardships. They had to work unremittingly hard – without electricity or running water, with few machines for working the land and limited means of transport. Thus, when the villagers moved two miles away to the new houses in Glassard in 1922, it made a significant improvement to their quality of life. Glassard has a more open, level situation than Riasg Buidhe, which, amongst other things, gave the children even more freedom for playing out of doors.

My mother was a very active girl who enjoyed all kinds of sports and who grew up to be an attractive young woman with very dark curls and sparkling dark brown eyes. It therefore came as a surprise to learn that she had often been very ill while at school, with a condition which she described as 'general debility'. This resulted in prolonged absences and was, apparently, a very common illness on the island at that time. It's hard to believe that a woman who was so energetic and healthy as an adult, and who was such an active youngster, was at times so weak that she couldn't lift her head from the pillow. I wonder what today's doctors would make of it? Modern antibiotics would almost certainly mean that long periods of bed rest would no longer be necessary , but in my mother's time a traditional remedy was to kill a hen and make a nutritious broth – a kind of 'Highland penicillin'!

Illness was only one of a number of underlying difficulties connected with education in remote areas in the early 20th century. Bad weather, inadequate buildings and helping with agricultural and domestic chores also played their part in affecting regular attendance. However, my mother's vivid and evocative account of her schooldays highlights her obvious enjoyment of the broad curriculum which was an integral part of education in rural schools of the time. Music, drama and environmental studies were to become lifelong interests for her, and her work as a Gaelic teacher and activist can be directly traced to the influence of her teacher, Janet MacKinnon.

EILEAN ORASAIGH AGUS MUINNTIREAS

Dh'fhàg mo mhàthair Sgoil Cholbhasaigh ann an 1931, agus, gu fortanach, cha robh aice ri siubhal fad' air falbh, bhon a fhuair i obair aig an tuathanas air Eilean Orasaigh, nach robh ach pìos beag thairis air an Fhadhail. Bha i glè thoilichte ann, oir bha i eòlach air an tuathanach – Calum MacNèill (Calum Orasaigh) – agus a theaghlach, agus bha clann Chaluim nan caraidean dlùth dhi.

Gach samhradh ghabhadh an taigh mòr air mhàl le teaghlaichean beairteach à Lunnainn, agus tha mi cinnteach gun do chòrd sìth agus sàmhchair an eilein riutha gu mòr. Ann an 1935 dh'iarr aon de na mnathan-uasal air mo mhàthair a dhol sìos a Lunnainn gu aon de na taighean spaideil ann an Eaton Square. Bha i daonnan deònach airson dùbhlan ùr, agus dh'aontaich i a dhol ann sa bhad. Ged a bha i gu math cleachdte ri obair chruaidh, dh'innis i dhòmhsa gum b' e seo an obair a bu chruaidhe a rinn i riamh. Bha aice ri èirigh gu math tràth gach madainn gus na stòbhaichean mòra a lasadh. Bha an gual air a ghleidheadh a-muigh agus b' fheudar dhi bucaidean mòra a ghiùlan a-steach mus tòisicheadh i a' glanadh 's a' seatadh gach stòbha. Co-dhiù, cha robh i fada ann an Lunnainn, oir b' ann aig an àm seo a chaochail mo sheanmhair. Fhuair mo mhàthair obair gheàrr-ùine na b' fhaisge air an eilean, oir bha m' Uncail Dòmhnall fhathast na dheugaire sia bliadhna deug agus bha e an urra ri mo mhàthair agus a peathraichean a bhith coimhead às a dhèidh turas mu seach.

Ann an 1937, nuair a bha i aig an taigh tron t-samhradh, bha teaghlach beairteach air an saor-làithean ann an Orasaigh mar a b' àbhaist. B' iadsan an t-Iarla agus a' Bhan-Iarla Limerick, a bha nan caraidean do theaghlach Strathcona, uachdaran Cholbhasaigh agus Orasaigh. Aig an àm sin bha iad air ùr-ghluasad gu Sussex gu taigh mòr eireachdail fon ainm Chiddinglye agus bha feum aca air còcaire. Dh'iarr iad air mo mhàthair a dhol sìos a Shasainn, agus chaidh i fhèin 's m' Antaidh Ceitidh còmhla gu Chiddinglye, far an do chuir iad seachad ùine gu math toilichte agus riaraichte. Mhothaich a' Bhan-Iarla gun robh sgilean còcaireachd anabarrach math aig mo mhàthair mu thràth agus chuir i i gu sgoil-chòcaireachd 'Cordon Bleu' ann an Lunnainn, far an d' fhuair i trèanadh luachmhor.

Dh'fhuirich i fhèin agus Ceitidh ann an Sasainn gu 1942, nuair a chuir iad romhpa a bhith nam pàirt de dh'iomairt a' Chogaidh. Chaidh Ceitidh dhan WAAF agus chaidh mo mhàthair dhan Chrois Dheirg na còcaire ann an taigh-cùraim airson shaighdearan leònte ann an Richmond, agus an uair sin ann an taigh-cùraim Monteviot anns na Crìochan.

ORONSAY AND DOMESTIC SERVICE

My mother left Colonsay School at fourteen, in 1931, and spent the first three and a half years of her working life on Oronsay. This was a particularly happy time for her, for although the work was hard, she managed to combine it with a very active social life. Each summer the big farmhouse was rented out to rich English families, and in 1935 she was asked if she would go to London to work as a kitchen maid in a large house in Eaton Square. She told me that this was the hardest work she ever did, especially as it involved getting up at the crack of dawn to light the huge kitchen ranges. Then, quite unexpectedly, her work in London came to an end when my grandmother died, aged just 57. My mother and her sisters were all working on the mainland and decided to take turns in coming home to care for my grandfather and Donald, who was still a teenager. She now took short-term positions nearer home, enabling her to keep the links with her home community and native language strong and unbroken.

In the summer of 1937, the Earl and Countess of Limerick were on holiday in Oronsay. They were close friends of the Strathcona family, the owners of Colonsay and Oronsay, and needed staff for their fine new house, called Chiddinglye, in Sussex. My mother was at home that summer, and when the Limericks returned south in the autumn both she and my auntie Katy went with them – to a period of employment which was to be a most happy and satisfying experience, particularly as my mother got the opportunity to develop her cookery skills by attending part-time classes at the Cordon Bleu cookery school in London. She and Katy were to stay at Chiddinglye until 1942, when Katy joined the W.A.A.F and my mother joined the Red Cross, becoming a cook in convalescent homes for wounded servicemen – firstly in Richmond and then in Monteviot House in the Borders.

PÒSADH

'S ann an Sasainn a choinnich i rim athair, Sidney Satchel. Thòisich mo mhàthair a' sgrìobhadh thuige nuair a chaidh e dhan RAF aig toiseach a' Chogaidh, agus dh'fhàs iad gu math dlùth.

Air latha soilleir gaothach anns an Dàmhair 1945, phòs iad ann an Colbhasaigh anns an eaglais bhig ghil a tha na seasamh air mullach cnuic os cionn laimrig Sgalasaig. Bha gùn bainnse mo mhàthair air a dhèanamh à sròl trom; bha e fada chun an làir le loidhne de phutanan beaga sròil a' dol sìos air a' chùl agus muinichillean fada a bha a' tighinn gu crìoch ann an cumadh biorach air cùl gach làimh. Bha i gu sònraichte moiteil às, oir b' e fhathast àm nan *rations* a bh' ann agus bha mòran bhoireannach a' pòsadh is dreasaichean goirid àbhaisteach orra.

Bhon chiad latha a thachair e rithe, bha ùidh mhòr aig m' athair ann an cànan 's ann an cultar mo mhàthar, ged a fhuair e blas de dhualchas nach robh uabhasach tlachdmhor aig àm na bainnse! Bha na seann chleachdaidhean bainnse fhathast air an cumail anns an eilean, agus nuair a chaidh cearcan a mharbhadh airson dinnear na bainnse bha na h-itean air an cruinneachadh airson tachartas sònraichte. B' e seo Oidhche nan Cearc, nuair a bhiodh na mnathan a' tilgeil fear na bainnse am measg nan itean. Nuair a thilg iad m' athair nam measg, bha e a' smaoineachadh gun rachadh a mhùchadh, oir bha na h-itean beaga mìne a' dol na shròin, na mhuineal, na shùilean 's dhan a h-uile àit' eile!

MARRIAGE

Lively young women like my mother and aunt were never likely to neglect their social life. Chiddinglye was close to a small village called West Hoathly where they enjoyed going to dances in the village hall, and because they were both so outgoing, attractive and good at dancing, they were seldom short of partners! Two brothers, Richard and Sidney Satchel, were regulars at the dances, and when war broke out and both the young men joined the RAF, my mother began writing to Sid.

This started a long correspondence which was to result in their engagement and subsequent marriage at the end of the war. On a bright windy day, in October 1945, my parents were married on Colonsay, in the little white church that stands on a hill above the harbour at Scalasaig. My mother was especially proud of her wedding dress, as rationing was in force and many women got married wearing plain short dresses. Her full-length wedding dress was made of heavy white satin, with a line of satin-covered buttons down the back and long, pointed sleeves.

From the outset, my father had taken a keen interest in my mother's native language and culture – although his first taste of Colonsay tradition was not to be a terribly pleasant one! The old wedding customs were still observed on the island, and when hens were killed for the wedding dinner the feathers were collected for a special event. This was the Hen Night – where the women tossed the bridegroom in amongst the feathers. My unsuspecting father received an invitation to what he thought was going to be an evening of tea and polite pre-wedding conversation, with no idea of what was in store for him. When he was unceremoniously grabbed and tossed into the feathers, he thought he was going to suffocate, as the finest of the feathers went up his nose, down his throat, into his eyes and just about everywhere else!

TILLEADH GU COLBHASAIGH

Às dèidh pòsadh chaidh mo phàrantan air ais a dh'obair ann an ceann a deas Shasainn airson bliadhna no dhà. Nuair a rugadh mo bhràthair Callum ann an 1947, rinn an dithis aca an dìcheall Gàidhlig a bhruidhinn ris, oir bha iad a' tuigsinn cho feumail 's a bhiodh an dà chànan dha. Aig an aon àm, rinn m' athair oidhirp mhòr beagan Gàidhlig ionnsachadh cuideachd.

Mu 1950 thill iad gu Colbhasaigh le plana airson gnìomhachas a chur air dòigh – tuathanas-chearc far am biodh iad a' reic nan uighean agus a' tabhann aoigheachd do luchd-turais. Fhuair iad taigh agus fearann ann an Àird Sginis – an sgìre a b' uaigniche anns an eilean. Dh'fheumadh tu coiseachd no *off-road vehicle* a chleachdadh airson a dhol thairis air gainmheach Tràigh nam Bàrc bho cheann an rathaid-mhòir aig an Fhadhail no a dhol thairis air machair rèidh a' *Gholf Course* 's an uair sin cromadh aig na creagan garbha aig Bealach na Gaoithe (no 'Dead Man's Gulch', mar a thug m' athair air). Tha Taigh Àird Sginis fhèin stèidhichte ann an suidheachadh anabarrach àlainn, le a chùl ri fàsach de chnocan gainmhich a tha air an còmhdach le muran.

Aig an àm sin b' e taigh mòr dorcha agus seann-fhasanta a bh' ann. Ged a bha pìoban-uisge ann, cha robh dealan, agus bha aca ri lampaichean Tilley a chleachdadh. Rinn iad tòrr leasachaidhean thairis air a' chiad bliadhna. Leag iad ballachan am broinn an taighe agus chuir seo coltas fosgailte, soilleir air an àite. An uair sin, thog m' athair dà àite-teine le clachan a fhuair e air a' chladach. B' iadsan an teaghlach mu dheireadh a chaidh a dh'fhuireach 'làn-ùine' ann an Àird Sginis, agus ged a tha mu thrì fichead bliadhna air a dhol seachad bhon àm sin, tha na leasachaidhean seo fhathast follaiseach.

Fhad 's a bha iad ag obair air an taigh, cheannaich iad crodh agus tòrr chearcan. Às dèidh sin, thòisich an luchd-turais a' tighinn. Bha m' athair gan coinneachadh aig cidhe Sgalasaig agus gan giùlan à dh'Àird Sginis air an tractar no an *jeep*. Tha mi cinnteach gum b' e luchd-turais gu math treun a bh' annta, 's iad deònach a dhol gu àite cho aonaranach agus àraid, ach a rèir choltais dh'obraich cùisean gu soirbheachail. Bha mo mhàthair toilichte a bhith air ais anns an eilean le a teaghlach 's a caraidean, agus san t-samhradh bha mòran dhiubh a' tadhal orra no a' cuideachadh air an tuathanas. Nuair a thàinig oidhcheannan fada, dorcha a' gheamhraidh bha ùine aig mo mhàthair airson barrachd Gàidhlig a theagasg dham athair. Bha seòrsa de bhargan eatarra – bha ise a' teagasg Gàidhlig dhàsan agus bha esan a' teagasg Fraingis dhìse. Dh'ionnsaich m' athair Fraingis

RETURN TO COLONSAY

The first years of their married life were spent in the south of England, running the village shop in West Hoathly. My father had already begun to learn some basic Gaelic, and so when my brother Callum was born in 1947 he benefited from learning to speak in two languages.

In 1950 my parents returned to Colonsay with a plan to run a poultry farm and offer accommodation to tourists. They rented a farmhouse and land in one of the most isolated and inaccessible parts of the island – Ardskenish, which is situated at the extreme south-westerly tip and where, even today, there is no main road access. It can only be reached on foot or by an off-road vehicle – by either crossing the fine white shell sand of Tràigh nam Bàrc after leaving the road-end at the Strand or negotiating the flat machair of the Golf Course and the rocky pass of Bealach na Gaoithe – or 'Dead Man's Gulch', as my father christened it. Ardskenish House itself is in a stunning location, standing with its back to a wilderness of marram-covered sand dunes, fringed with exquisite sandy bays and broken black reefs, and with its face to the empty ocean. My parents and Callum were to be the last family to live permanently at Ardskenish. They made many changes to the dark, old-fashioned house while they were there, including two fine fireplaces which my father built by hand with stones from the raised beach, and which remain to this day.

My mother relished being back on the island, close to her own family and friends, and in the summer many of them would come to visit her or lend a hand on the farm. When the long winter evenings came, it was a quiet, lonely place again – when there was plenty of time for both my parents to develop their language skills further. They had an interesting arrangement – my mother taught my father Gaelic, while he taught her some French, to add to the vocabulary she already knew from her days at the Cordon Bleu classes.

However, there were difficulties attached to living in such a remote spot.

During their second winter, my father suffered a severe bout of flu and getting prompt medical attention proved highly problematic. The time was also approaching for my brother to start primary school, which was miles away in Kilchattan, and daily transport there and back was not going to be easy. Eventually they decided to move closer to all the island facilities, and, as luck would have it, new managers were needed for the island hotel just at that very time.

TILLEADH GU COLBHASAIGH

ann an Afraga a Tuath aig àm a' chogaidh agus bha mo mhàthair airson cur ri na facail a dh'ionnsaich i mu thràth aig an sgoil Cordon Bleu.

Ged a bha an dòigh-beatha caran àraid seo a' còrdadh riutha, thoisich duilgheadasan a' nochdadh a chionn 's gun robh an t-àite cho iomallach. An dara geamhradh, bha m' athair glè bhochd leis a' chnatan-mhòr agus bha e doirbh seirbheis mheidigeach fhaighinn dha. Bha an t-àm a' tighinn dlùth cuideachd airson mo bhràthair a dhol dhan bhun-sgoil agus bha e soilleir gum biodh e duilich dha faighinn innte gach latha. Mu dheireadh thall thàinig iad chun a' cho-dhùnaidh gluasad gu àite na b' fhaisge air goireasan, agus bha feum air manaidsearan ùra ann an taigh-òsta an eilein aig an dearbh àm. Ann an 1952 dh'fhàg iad Àird Sginis agus ghluais iad dhan taigh-òsta ann an Sgalasaig, a bha faisg air a h-uile goireas.

Bha mo phàrantan air dòigh-beatha shònraichte a dhèanamh dhaibh fhèin – b' e sin a bhith daonnan a' siubhal agus a' gluasad. Cha robh iad san taigh-òsta ach dà bhliadhna, agus anns na bliadhnaichean a lean dh'fhuirich iad ann an caochladh àiteachan eile. Ach mus do dh'fhàg iad Sgalasaig thachair rud ri mo mhàthair ris nach robh dùil aice idir. Fhuair i a-mach gun robh i trom a-rithist, agus nuair a thàinig an leanabh b' e caileag bheag a bh' ann.

Thug mo phàrantan an t-ainm Mòrag Sìne orm. B' e seo ainm mo sheanmhar Shasannaich (Sarah Jane), oir bha m' athair ag iarraidh ainm Gàidhlig aig an robh ceangal ris an teaghlach aigesan. Rinn iad an dìcheall Gàidhlig a bhruidhinn rium agus bha seo fada na b' fhasa na bha e air a bhith ann an Sasainn, oir bha Gàidhlig aig a h-uile duine den luchd-obrach san taigh-òsta, agus mar sin b' e Gàidhlig Cholbhasach a' chiad chànan a bh' agamsa cuideachd. Dh'innis mo mhàthair gun do thòisich i ri ionnsachadh òrain dhomh agus gun robh cuimhne aice air guth beaga bìodach a' tighinn a-mach às a' phram, a' seinn 'Suas leis a' Ghàidhlig'! Tha cuimhne agamsa cuideachd air seann dàn chloinne a bha i a' cleachdadh airson geama, nuair a bha mi nam shuidhe air a glùin, agus a tha mi fhèin a-nis ag aithris rim oghaichean:

"Seo mar a bhios na coitearan, socaireach, socaireach;
Seo mar a bhios na tuathanaich, a' trotan, a' trotan;
Seo mar a bhios na h-uaislean, a' galopaidh, a' galopaidh, a' galopaidh."

RETURN TO COLONSAY

In 1952 they left Ardskenish and moved to Scalasaig, marking the beginning of a period of constant movement and relocation. They were at the hotel for only two years and in the years that were to follow they lived in a variety of other places, but before they left the island something totally unexpected happened to my mother. She found out that she was pregnant again, and when the baby arrived it was a little girl. My parents called me Mòrag Sìne (Sarah Jane) after my English grandmother. They spoke as much Gaelic as possible to me, which was much easier than it had been in England because everyone who worked in the hotel spoke it too, and thus Colonsay Gaelic was to be my first language too.

My mother told me that she also began to teach me Gaelic songs, and that she could clearly remember the strains of a babyish version of 'Suas leis a' Ghàidhlig' emerging from under the hood of my pram! I can still remember the words of an old children's nursery rhyme which she used when she dandled me on her knee, and which I now repeat with my grandchildren:

Seo mar a bhios na coitearan – socaireach, socaireach,
Seo mar a bhios na tuathanaich – a' trotan, a' trotan,
Seo mar a bhios na h-uaislean – a' galopaidh, a' galopaidh, a' galopaidh ...

'This is how the crofters ride – slowly, slowly,
This is how the farmers ride – trotting, trotting,
This is how the gentry ride – galloping, galloping, galloping ... '

Barbra taobh a-muigh Taigh Àird Sginis, mu 1951

Sidney a' gearradh an fheòir le tractar BMB is Callum a' coimhead air.
An Àird Sginis, mu 1951

Barbra, Callum agus Mòrag aig Taigh-òsta Cholbhasaigh, 1953

SIORRACHD PHEAIRT AGUS AN T-EILEAN SGITHEANACH

Cha robh mi ach bliadhna gu leth nuair a dh'fhàg mo phàrantan an t-eilean a-rithist. Thairis air an dà bhliadhna a lean dh'obraich iad ann an Dùn Omhain, ann an Ostail Òigridh Garth, a bha faisg air Obar Pheallaidh, 's an uair sin airson ùine ghoirid ann an taigh mòr Killiechassie ri taobh na h-aibhne Tatha. Bhuineadh an taigh do theaghlach Eadailteach aig an àm sin, agus air làithean grianach bhiodh mo mhàthair a' falbh leam fhèin 's leis an nighean bheag Eadailteach sìos chun na h-aibhne agus a' bruidhinn Gàidhlig rinn ann an sin.

Bha e follaiseach gun robh a' Ghàidhlig fhathast làidir ann an Siorrachd Pheairt, is cèilidhean air an cumail gu tric san talla ann am baile Obar Pheallaidh no anns na bailtean beaga mu thimcheall. Bhiodh mo mhàthair a' dol cho tric 's a b' urrainn dhi chun nan cèilidhean sin, far an robh deagh sheinneadairean Gàidhlig leithid Petrine Stiùbhairt a' gabhail pàirt.

Ged nach robh i ann ach greiseag, 's ann an seo a thàinig e a-steach oirre am beairteas a bha ri fhaighinn am measg dhiofar dhualchainntean na Gàidhlig agus gun robh comas-labhairt a' chànain na rud sònraichte prìseil.

Co-dhiù, thàinig an t-àm nuair a b' fheudar dhìse blas a cànain atharrachadh, oir ann an 1956 dh'fhàg mo phàrantan Siorrachd Pheairt agus chaidh iad a dh'obair dhan Eilean Sgitheanach.

Chaidh sinn an toiseach gu sgìre Shlèite, a tha air a h-aithneachadh mar 'Lios an Eilein Sgitheanaich'. Fhuair mo phàrantan obair nam manaidsearan aig a' Mhorair MacDhòmhnaill ann an Loidse Cheann a' Loch. B' e seann loidse-sealgaireachd a bh' ann – togalach eachdraidheil na sheasamh mìle bhon rathad-mhòr agus air a chuartachadh le craobhan àrda dorcha. Bha Gàidhlig Sgitheanach aig an luchd-obrach gu lèir, agus chòrd seo glan rim mhàthair, oir bha e a' toirt cothrom dhi cumail a' dol le bhith a' bruidhinn Gàidhlig, ach bhon toiseach thuig i gun robh an dualchainnt agus am blas Sgitheanach gu tur eadar-dhealaichte bhon a' Ghàidhlig aicese. Cha b' e cnap-starra a bha seo idir, oir dh'atharraich i am blas aice fhèin sa bhad nuair a bha i a' bruidhinn ris na Sgitheanaich. Ann an ceann ùine ghoirid bha i cho siùbhlach ann an Gàidhlig Sgitheanach 's a bha i ann an Gàidhlig Cholbhasach – a bha i fhathast a' cleachdadh gu tric nuair a bha i a' bruidhinn ris an teaghlach aice air a' fòn. Chuir e iongnadh mòr ormsa, aon uair 's mi air saor-làithean ann an Slèite, nuair a dh'innis tè a b' àbhaist a bhith ag obair ann an Ceann a' Loch dhomh nach robh duine a' tuigsinn facal a bha mo mhàthair ag ràdh riutha – an toiseach cò-dhiù.

PERTHSHIRE AND THE ISLE OF SKYE

By the time I was one and a half, we were on the move again. My parents worked briefly in Dunoon, at Garth Youth Hostel near Aberfeldy, and for a short time at a large house on the banks of the river Tay called Killiechassie. In those days the house belonged to an Italian family, and on fine afternoons when her work was finished my mother would take me and the little Italian daughter of the house down to the riverside, where she would speak in Gaelic to us both. Gaelic was still widely spoken in that part of Perthshire, and I believe it was then that she first realised the riches which were to be found in its many different dialects, and also that the ability to converse in the language was a priceless asset. This was to take on a new significance when, in 1956, my parents left Perthshire and went to work on the Isle of Skye.

Their first post was as managers of Kinloch Lodge Hotel in Sleat, which in those days was a converted hunting-lodge a mile from the main road and surrounded by tall dark trees. The staff all spoke Skye Gaelic, giving my mother the opportunity to speak the language on a daily basis again, but she quickly realised that their dialect was quite unlike hers. Luckily, she picked up the local accent very readily, and in no time at all she was as comfortable with Skye Gaelic as she was with Colonsay Gaelic – which she still used regularly when she made phone calls to her relatives. This was further consolidated by our weekly shopping trips to Broadford and by chatting to the drivers of the mobile shops who regularly called at the hotel. The postman spoke Gaelic too and would always be ready to come in for a *srùpag* and a chat, as the hotel was the last stop on his lengthy round.

Callum and I attended Duisdale Primary School, five miles away at Isle Ornsay, where the headteacher was a local lady called Jetta Fraser and where Gaelic was included in the curriculum. Her sister Màiri, who ran Isle Ornsay Post Office, was also an enthusiastic supporter of the language, and through this common interest they formed a friendship with my mother which was to last for forty years. The seasonal nature of hotel work meant that spring and summer were particularly busy times, but in the quiet winter months my mother had more time to go to the ceilidhs in Broadford village hall. She always took me with her, and we would sit side by side listening attentively to the singers and singing the choruses together. Many fine local singers sang at those ceilidhs – like Donald Archie Mackinnon, Anne Arnott and Paul Macinnes – or singers from further afield like Calum Kennedy and George Clavey. My mother knew many songs and had a good voice and occasionally would sing at the ceilidhs herself. The song 'Soraidh leis an Àit'' was

SIORRACHD PHEAIRT AGUS AN T-EILEAN SGITHEANACH

Cha b' ann san taigh-òsta a-mhàin a bha i a' bruidhinn Gàidhlig Sgitheanach ach anns an Àth Leathann cuideachd – far an robh sinn a' dol dha na bùthan gach seachdain. Bha daoine eile aig an robh Gàidhlig gu leòr a' tighinn a thadhal oirnn cuideachd. B' iadsan dràibhearan nam bhanaichean – am buidsear, an grosair no fear bhan a' Cho-op. Bha Gàidhlig aig a' phost cuideachd, 's bhiodh e daonnan deònach a thighinn a-staigh airson srùpag agus cèilidh bheag às dèidh dha siubhal nam mìltean air baidhsagal.

Chaidh mise is Callum a Bhun-sgoil Dhùisdeil ann an Eilean Iarmain, a bha còig mìle air falbh. B' i Jetta Fhriseal, boireannach tàlantach às an sgìre fhèin, an tidsear, agus bhiodh i a' teagasg Gàidhlig còmhla ri na cuspairean eile. Bha a piuthar Màiri ag obair ann an Oifis a' Phuist ann an Eilean Iarmain, agus nuair a fhuair iadsan a-mach gun robh Gàidhlig aig mo mhàthair agus gun robh i cho measail air an cànan a bhrosnachadh, dh'fhàs an triùir aca gu math càirdeil – càirdeas a mhaireadh fad ceathrad bliadhna.

Fad an t-samhraidh bhiodh mo phàrantan daonnan trang len cuid obrach, ach nuair a thigeadh an geamhradh bha an taigh-òsta sàmhach agus falamh a-rithist, oir b' e obair ràitheil a bh' ann. Tron gheamhradh bha barrachd ùine aca airson chur-seachadan, agus thòisich mo mhàthair a' teagasg Gàidhlig dham athair a-rithist. Rinn e adhartas math agus thòisich e a' cleachdadh a' chànain a bu trice. Bha fiù 's iomradh air anns a' cholbh 'Dè tha Dol?' ann an *Tìm an Òbain*, nuair a thàinig sgrìobhadair a' chuilbh sin gu tachartas air choreigin far an robh m' athair an làthair. Sgrìobh e: "On a recent visit to Skye, it was good to meet Sidney Satchel – an Englishman who can speak Gaelic": gu follaiseach, cha b' e rud cumanta a bha sin idir anns na Caogadan!

B' ann sa gheamhradh cuideachd a bhiodh mo mhàthair airson a dhol gu na cèilidhean a bha air an cumail ann an talla-bhaile an Àth Leathainn, oir bha ùidh mhòr aice ann an òrain Ghàidhlig. Bhithinn a' dol còmhla rithe chun nan cèilidhean sin, agus b' e foghlam air leth dhòmhsa a bh' ann, nam shuidhe ri a taobh ag èisteachd gu dlùth ris na seinneadairean agus sinn a' togail nam fonn còmhla. Bha caochladh sheinneadairean gasta a' gabhail pàirt anns na cèilidhean sin – tha cuimhne agamsa gu sònraichte air seinneadairean ionadail mar Dòmhnall Eàirdsidh MacFhionghain, Anne Arnott agus Pòl MacAonghais, no seinneadairean a thàinig à tìr-mòr mar a bha Calum Ceanadach is Seòras Clavey.

her party piece – although I secretly thought it was interminably long, with no jolly chorus, and my heart always sank when she was asked to sing it!

After four years at Kinloch we moved again – to Skeabost House Hotel, in the north of the island, where my mother continued to forge strong links with local Gaelic speakers and activists during the year we spent there. Betsy MacLeod, the head teacher at MacDiarmid Primary School, which I attended, was very knowledgeable about traditional Gaelic songs and folktales. She regularly held house ceilidhs and my mother often went to these either to take part or to help. She also went to the ceilidhs which were held in the little hall at Skeabost Bridge or in the Skye Gathering Hall or the old Drill Hall in Portree. She became a member of the Portree branch of An Comunn Gàidhealach and enjoyed all their activities, including the local Mod. Gaelic was still regularly spoken by the hotel staff too – a pattern which was to be repeated when we returned at the end of the year to Sleat, where we were to spend a further four years, in the little white hotel at the head of the pier at Isle Ornsay.

Duisdale Primary School was close at hand, and this was to provide a new and unexpected opportunity for my mother to use her talents, for at this time a little school choir had been formed to compete at the local Mod in Portree.

As the time for the Mod drew near, it was discovered that Mod regulations prevented our peripatetic music teacher from conducting us at the competition, and it looked as though all our dedicated practising had been in vain, until Jetta Fraser came up with a bright idea and asked my mother to conduct the choir. Now, she had absolutely no experience of any kind with choirs, but, typically, that did not stop her. With advice from the music teacher in some basic technique, she soon grew in confidence and ability, and, although we didn't win a prize, our little choir gave a very respectable performance and a great time was had by all.

While at Isle Ornsay, my mother made another long-lasting friendship which was to have a direct influence on the development of her Gaelic literacy skills. Dr Daniel Martin of the Department of Mathematics at Glasgow University began to spend his holidays at the hotel, and although his spoken Gaelic was limited, he had spent many years studying its history and literature and also had many friends among the Glasgow Gaels. This generous and kindly gentleman became

SIORRACHD PHEAIRT AGUS AN T-EILEAN SGITHEANACH

Bha eòlas farsaing aig mo mhàthair a thaobh nan òran agus bha guth snog aice cuideachd. Uaireannan ghabhadh i fhèin òran aig na cèilidhean. B' e 'Soraidh leis an Àit" am *party piece* aice – ged a bha mi fhèin a' smaoineachadh gum b' e òran cianail fada a bh' ann ('s cha robh sèist aighearach ris nas motha!).

Às dèidh ceithir bliadhna ann an Loidse Cheann a' Loch ghluais sinn a-rithist – gu ceann a tuath an eilein, gu taigh-òsta Sgèaboist, far an robh an teaghlach MacLeòid a' sireadh mhanaidsearan ùra. B' e taigh mòr eireachdail a bh' ann, le tùr agus *conservatory* seann-fhasanta, is e na laighe ann an suidheachadh àlainn ri taobh Loch Snitheasort Beag. Cha robh sinn anns an àite sin ach bliadhna, ach, mar a b' àbhaist dhi, rinn mo mhàthair ceanglaichean làidir leis an fheadhainn a bha an sàs anns a' Ghàidhlig anns an sgìre. B' i Beatsaidh NicLeòid ceannard Bun-sgoil MhicDhiarmaid, a bha faisg air an taigh-òsta, agus b' e deagh sheinneadair bhon dualchas a bh' inntese. Gu tric bhiodh i a' teagasg òran no ag innse sheann sgeulachdan dhuinn anns an sgoil, agus bhiodh i a' cumail chèilidhean beaga traidiseanta san taigh aice far am biodh mo mhàthair a' cuideachadh no a' gabhail pàirt.

Bha cèilidhean eile air an cumail anns an talla bheag aig Drochaid Sgèaboist, anns an *Skye Gathering Hall* no san t-seann *Drill Hall* ann am Port Rìgh. Bhiodh mo mhàthair a' dol annta nan robh ùine idir aice, agus ghabh i na ball den Chomunn Ghàidhealach. Bha Gàidhlig air a bruidhinn gu tric am measg luchd-obrach an taigh-òsta cuideachd – pàtran a bha fhathast follaiseach nuair a chaidh sinn air ais aig deireadh na bliadhna a Shlèite, far an do chuir sinn seachad ceithir bliadhna eile, anns an taigh-òsta bheag gheal aig ceann cidhe Eilein Iarmain.

Bha Bun-sgoil Dhùisdeil aig ceann rathad Eilein Iarmain agus thug seo cothroman diofraichte dham mhàthair a bhith an sàs anns a' Ghàidhlig. Bha mi fhèin air an ìre a ruighinn far an robh obair-dachaigh Ghàidhlig agam. Bha seo a' gabhail a-steach pìos sgrìobhaidh agus bhiodh mo mhàthair gam chuideachadh a thaobh litreachaidh agus gràmair, 's an uair sin bha agam ris a h-uile pìos a leughadh dhi airson a bhith cinnteach gun robh iad ceart.

B' ann aig an àm seo a thòisich clann Sgoil Dhùisdeil a' dol chun nam Mòdan ionadail ann am Port Rìgh. Bha còisir againn, agus bha a h-uile sgoilear innte, oir b' e sgoil beag a bh' innte. Treiseag ro àm a' Mhòid thàinig fiosrachadh nach robh e ceadaichte dhan tidsear-ciùil a thighinn còmhla rinn airson ar stiùireadh air latha na farpais. B' e droch naidheachd do Jetta Fhriseal a bha seo, oir ged

PERTHSHIRE AND THE ISLE OF SKYE

very friendly with our family and would regularly send me books from Glasgow – including many books of Gaelic songs. When I grew up he continued this tradition by sending Gaelic books or articles to my mother, laying the foundations of a Gaelic library, which was to become so important to her in later life.

We seemed to be very settled at Isle Ornsay but in 1965 all was to change again. It was a significant year in a number of ways – not just for my family but also for the Isle of Skye itself, because that year Sunday sailings began between Kyle of Lochalsh and Kyleakin. This prompted vociferous opposition from sections of the local community, and on the 6th of June the first ferry made its crossing to a sizeable demonstration on the Kyleakin slipway. However, these events passed us by completely, as, on that same morning, my father collapsed with a heart attack and had to be rushed to the Mackinnon Memorial hospital in Broadford. During his illness my mother continued to run the hotel on her own, and when he finally got out of hospital it was apparent that he would never be able to cope with hard physical work again. We left the hotel, and after a short time living in the local area while my parents considered their options, we returned to live on the mainland.

a bha i na tidsear glè thàlantach, cha robh i ceòlmhor idir. Smaoinich sinn uile nach biodh cothrom idir ann a-nis a dhol chun a' Mhòid – gus an tàinig deagh bheachd gu Jetta, agus dh'iarr i air mo mhàthair a' chòisir a stiùireadh.

A-nis, cha robh mo mhàthair cleachdte air còisirean ann an dòigh sam bith, ach, mar bu dual dhi, cha do chuir sin stad oirre. Fhuair i comhairle bhon tidsear-ciùil agus ann an ùine ghoirid dh'fhàs i misneachail agus na bu chomasaiche, agus ged nach do bhuannaich sinn aig a' Mhòd, rinn a' chòisir beag a' chùis air 'O, Dh'ith na Coin na Maragan' agus 'Seinn O Hiuradal' agus bha deagh latha againn.

B' ann nuair a bha sinn a' fuireach ann an Eilean Iarmain a thòisich an Dr. Dàniel Màrtainn à Roinn Matamataig Oilthigh Ghlaschu a' tighinn chun an taigh-òsta air a shaor-làithean. 'S ann à Carluke ann an Siorrachd Lannraig a bha e, agus ged nach robh e a' bruidhinn mòran Gàidhlig, bha eòlas farsaing aige mun chànan agus bha mòran charaidean aige am measg Gàidheil Ghlaschu. A bharrachd air na tàlantan sgoilearachd a bh' aige, bha e na dhuin'-uasal còir, gasta. Dh'fhàs e fhèin agus mo phàrantan glè chàirdeil agus thòisich e a' cur leabhraichean thugamsa à Glaschu. Mar bu trice b' e leabhraichean de dh'òrain Ghàidhlig a bh' annta, agus nuair a dh'fhàs mise suas lean e air a' cur leabhraichean no artaigilean Gàidhlig gu mo mhàthair. Bha na leabhraichean seo nam bun-stèidh de leabharlann Gàidhlig a bhiodh cho cudromach dhi na b' fhaide air adhart na beatha, nuair a bha i air ais air tìr-mòr.

Ann an 1965 bha cùisean cudromach a' tachairt anns an eilean, nuair a thòisich na bàtaichean-aiseig eadar an Caol agus Caol Àcainn a' seòladh air Didòmhnaich, agus bha mòran dhaoine anns a' choimhearsnachd an aghaidh na seirbheis ùir. Air an t-6mh latha den Ògmhios, nuair a thàinig a' chiad bhàta a-steach chun a' chidhe aig Caol Àcainn, bha sluagh mòr a' feitheamh, 's luchd nam pàipearan-naidheachd nàiseanta nam measg. Mar theaghlach chaidh na tachartasan seo seachad oirnne, oir b' e sin an dearbh latha a dh'fhàs m' athair bochd le tinneas-cridhe agus a b' fheudar dha a dhol sa bhad dhan ospadal anns an Àth Leathann.

Bha e glè bhochd fad mhìosan agus bha e an urra rim mhàthair cumail a' dol leatha fhèin ag obair anns an taigh-òsta. Nuair a thàinig e a-mach às an ospadal, bha e soilleir nach b' urrainn dha obair chruaidh a dhèanamh gu bràth tuilleadh. Bha againn ris an taigh-òsta fhàgail, agus aig a' cheann thall chuir mo phàrantan romhpa a dhol air ais gu tìr-mòr, far am biodh e na b' fhasa dham mhàthair obair eile fhaighinn.

Barbra ann an èideadh na Croise Deirge, còmhla ri Ceitidh.
Chiddinglye, 1942

Barbra aig Chiddinglye, 1940

Taobh a-staigh Taigh Àird Sginis, a' sealltainn aon de na h-àiteachan-teine a thog Sidney

Barbra agus Ceitidh aig Chiddinglye mu 1935. Tha "2 Little Cherubs" sgrìobhte anns a' Bheurla air cùlaibh na deilbh seo!

DÙN OMHAIN

Nuair a dh'fhàs m' athair beagan na bu làidire dh'fhàg mo phàrantan an t-eilean, agus às dèidh ùine ghoirid ag obair ann an Sròn an t-Sìthein, chaidh sinn a dh'fhuireach a Dhùn Omhain, far an d' fhuair mo mhàthair obair làn-ùine na bursair aig Ionad na Beinne Mòire faisg air a' bhaile. Thàinig atharrachadh mòr air ar dòigh-beatha ann an Dùn Omhain, oir bha mo mhàthair a' fàgail an taighe a h-uile latha airson a dhol a dh'obair agus b' e m' athair a bha a-staigh. An toiseach b' e an rud a bu chudromaiche dhaibhsan a bhith gan daingneachadh anns an t-suidheachadh ùr seo agus beòshlaint a chosnadh. Cha robh coltas ann gun robh mòran chothroman rim faighinn airson Gàidhlig a bhruidhinn idir, ach beag air bheag fhuair iad a-mach gun robh coimhearsnachd Ghàidhlig ann an Dùn Omhain a bha gu math beothail agus làidir. Às dèidh ùine ghoirid chaidh iad nam buill de Chomunn Gàidhealach Dhùn Omhain agus thoisich iad a' dol chun nan cèilidhean a bha air an cumail gach mìos anns a' bhaile fhèin, no na b' fhaide air falbh ann an Srath Chura no an Taigh na Bruaich.

Cuideachd, thòisich an triùir againn a' seinn anns a' chòisir Ghàidhlig, a bha fo làimh Alasdair Chamshroin agus Aonghais MhicThàmhais. A h-uile samhradh, bhiodh a' chòisir a' cur chèilidhean beaga air dòigh gach seachdain dhan luchd-turais agus airson airgead a chruinneachadh airson a dhol dhan Mhòd Nàiseanta. Bha tòrr de spòrs agus de dh'obair chruaidh co-cheangailte ris na cèilidhean beaga sin. Bha cha mhòr a h-uile duine anns a' chòisir a' gabhail pàirt annta agus a' dèanamh iomadh seòrsa obrach – a' reic thiogaidean, a' cur an talla air dòigh, a' seinn, a' sealltainn mar a chaidh na dannsaichean a dhèanamh, ag obair anns a' chidsin no a' sguabadh an ùrlair aig deireadh na h-oidhche – agus, mar a b' àbhaist, bhiodh mo mhàthair a' cuideachadh ann an iomadach dòigh, a h-uile cothrom a bh' aice.

Fhuair i cliù mar thè a bha daonnan deònach a' Ghàidhlig a bhrosnachadh ann an iomadh seòrsa suidheachaidh, agus mar sin cha b' e iongnadh a bh' ann nuair a chaidh iarraidh oirre, mu 1974, a bhith na h-oide Gàidhlig aig clasaichean-oidhche coimhearsnachd anns an Àrd-sgoil. Ged a bha i gu math deònach seo a dhèanamh, thàinig e a-steach oirre nach robh teisteanasan Gàidhlig sam bith aice. Bha i airson an gnothach a dhèanamh cho math 's a b' urrainn dhi, ge-tà, 's mar sin chuir i roimhpe teisteanasan foirmeil fhaighinn. Ann an 1975, aig aois còigead 's a h-ochd, fhuair i O-*Grade* Gàidhlig, agus an ath-bhliadhna fhuair i *Higher* Gàidhlig.

Bha e gu sònraichte cudromach dhi gun robh comasan leughadh agus sgrìobhadh na Gàidhlig aice mu thràth, agus chaidh na sgilean a dh'ionnsaich i mar chaileag

DUNOON

After leaving Skye and having a brief spell in Strontian, we moved to Dunoon, where my mother got a job as domestic bursar at the Benmore Outdoor Centre close to the town. Our way of life now changed considerably, as she left for work early each morning, while my father took over the running of the household. Their top priority was to get settled into their new situation, and this took precedence over any involvement in local Gaelic activities. However, they gradually found out that there was a very strong and lively Gaelic community in the town, and after a little while they joined the local branch of An Comunn Gàidhealach and began to attend their monthly ceilidhs. Subsequently, all three of us joined the Dunoon Gaelic Choir, which was conducted by Alastair Cameron, with Angus MacTavish as Gaelic reader. Every summer the choir organised midweek ceilidhs in the town for the tourists and to raise money for attending the National Mod. There was a lot of fun and hard work connected with those ceilidhs, with my mother always ready to help whenever she could.

My parents were to continue their involvement with An Comunn Gàidhealach and the choir for many years. My mother began to be recognised as a language activist and in 1974 was invited to be the tutor at a Gaelic night-class which was about to start at Dunoon Grammar School. When she discovered that she would need formal qualifications to do this, she applied to study Gaelic as an external candidate, and in 1975, at the age of 58, she passed her O-Grade Gaelic and then passed the Higher paper the following year. A literature paper formed part of the Higher exam and she received valuable support from both Angus MacTavish and Dan Martin, who sourced novels or anthologies of short stories or poetry for her, adding to her already considerable Gaelic library.

As far as I know, she started teaching at night-school when she passed her O-Grade, and from the outset she really enjoyed it. She was a natural teacher, who always looked for new ways to capture her students' attention and who enjoyed preparing lessons or amending them for differing levels of ability just as much as physically teaching a class. Her methods were forward-thinking too – for, although she recognised the importance of language structure and grammar, she particularly encouraged conversation.

At long last, in 1977, she retired from her full-time job at the Benmore Centre. She was sixty, and after a lifetime of hard work was looking forward to more time for herself, and especially to a greater involvement in Gaelic. Unfortunately, it was at this time that my father's already poor health began to deteriorate further. As well as continuing to teach at night-classes, my mother now devoted her time to

DÙN OMHAIN

òg aig Sgoil Cholbhasaigh a chur gu feum airson nan deuchainnean. Fhuair i deagh thaic agus stiùireadh bho Aonghas MacThàmhais, fhad 's a bha Dan Màrtainn fhathast a' cur nobhailean, cruinneachaidhean de bhàrdachd agus sgeulachdan ris an leabharlann Ghàidhlig aice, a bha a' sìor leudachadh fad na-ùine.

Cho fad 's as aithne dhomh, thòisich i a' teagasg san sgoil-oidhche nuair a fhuair i an *t-O-Grade* Gàidhlig, agus abair gun do chòrd seo rithe.

B' e tidsear nàdarra a bh' innte – daonnan a' lorg dhòighean ùra airson aire nan oileanach a ghlacadh. Chòrd e rithe a bhith ag ullachadh, ag atharrachadh 's a' leudachadh nan leasanan a rèir chomasan nan oileanach a cheart cho mòr ri a bhith na seasamh 's a' teagasg air beulaibh clas. Bha na dòighean-teagasg aice adhartach airson an ama sin cuideachd, oir ged a bha i fhèin a' faicinn cho cudromach 's a bha gràmar agus structar a' chànain, chuir i cuideam sònraichte air còmhradh – rud nach robh cho cumanta san àm.

Mu dheireadh thall, ann an 1977, sguir mo mhàthair den obair làn-ùine. Bha i seasgad bliadhna a dh'aois, agus às dèidh beatha de dh'obair chruaidh bha i a' coimhead air adhart ri barrachd ùine dhi fhèin a-nis – gu h-àraidh airson a bhith an sàs na bu doimhne anns a' Ghàidhlig. Ach bha adhbhar eile ann airson a dreuchd a leigeil dhith. Cha robh slàinte m' athar cho math, agus b' ann san àm seo a thòisich esan a' fàs na bu laige. A bharrachd air a bhith a' teagasg nan clasaichean-oidhche, chuir i seachad tòrr ùine a' toirt cùram dha gus an do chaochail e ann an 1981. Dh'fhàg seo beàrn mhòr na beatha, oir bha iad air a bhith pòsta agus ag obair còmhla ri chèile fad chòig bliadhna deug thar fhichead. Bha an dithis aca air a bhith an sàs ann an saoghal na Gàidhlig le chèile airson ùine mhòir agus bha esan na fhear-taic dhi ann an iomadach dòigh.

caring for him, right up until he died in 1981. This was to leave a huge gap in her life, as they had been married and had worked together for over 35 years. Their joint involvement in Gaelic had been a lengthy one and he had been a constant support to her in many different ways.

A' SGRÌOBHADH, A' SIUBHAL AGUS A' TEAGASG

'S ann air a' bhliadhna às dèidh bàs m' athar a sgrìobh mo mhàthair a' chiad artaigil. Tha cuimhne agam fhathast nuair a dh'innis i dhòmhsa gun robh dùil aice artaigil a sgrìobhadh airson na h-iris *Gairm*. Bha Dan Màrtainn a' cur lethbhreacan thuice agus mhothaich i gun robh daoine a' sgrìobhadh artaigilean mu làithean an òige. Ged nach do rinn i rud mar seo riamh, chuir i roimhpe pìos a sgrìobhadh mu na làithean-sgoile aice, agus chaidh 'Sgoil Cholbhasaigh' fhoillseachadh ann an 1983. Bha sinn uile mar theaghlach uabhasach moiteil aiste agus bha i fhèin toilichte a h-obair fhaicinn ann an clò.

Cha b' e seo an aon rud sònraichte a thachair ann an 1983. Ged a bha i seasgad 's a sia bliadhna a dh'aois a-nis, bha mo mhàthair fhathast gu math fallain agus èasgaidh. Bha i cleachdte ri obair chruaidh agus ri bhith an sàs ann an iomadach seòrsa rud, agus nuair a dh'fhàs i na bu làidire às dèidh bàs m' athar thòisich i ag ionndrainn na h-obrach làn-ùine. Aon latha ann an 1983 chunnaic i sanas airson obair mar chòcaire aig Black Mount Lodge – loidse mhòr sealgaireachd ri taobh Loch Toilghe, faisg air Mòinteach Raineach. Mhaireadh an obair seo fad an fhoghair fhad 's a bhiodh luchd-seilg san loidse, agus mar sin b' e an dearbh rud dhi.

Bhrosnaich an t-àite seo i gus an dara artaigil a sgrìobhadh, oir nuair a thàinig i dhachaigh anns an Dàmhair 1983 sgrìobh i 'Am measg nan Cnocan Dubha', a chaidh thoillseachadh san t-samhradh 1984. Eadar 1983 agus 1988 chuir i seachad an Lùnastal, an t-Sultain agus toiseach na Dàmhair gach bliadhna ag obair ann an caochladh àiteachan Gàidhealach – dà thuras aig Black Mount Lodge, ann an Àird Ghobhar agus air a' Chomraich. Dh'fhalbh i airson an turais mu dheireadh ann an 1988 – nuair a bha i seachdad 's a h-aon, agus fhathast slàn agus fallain. Bha i fhathast a' teagasg san sgoil-oidhche, ach bha leasachaidhean ùra ann a-nis a thaobh nan clasaichean Gàidhlig ann an Dùn Omhain.

Bha feum air clasaichean aig a h-uile h-ìre, oir bha barrachd dhaoine airson Gàidhlig ionnsachadh às ùr agus bha feadhainn eile ann a bha ag iarraidh a dhol air adhart gu ìre na b' àirde. Fo stiùir meur Comunn Gàidhealach Dhùn Omhain chaidh 'The Dunoon Gaelic Workshop' a chur air bhog, le clasaichean aig trì diofar ìrean – luchd-tòiseachaidh, eadar-mheadhanaich agus adhartaich. Bha an luchd-tòiseachaidh aig mo mhàthair, agus bha na clasaichean eile air an teagasg le Aonghas MacThàmhais agus an t-Urramach Dòmhnall Stiùbhart. Bha cuideam sònraichte air còmhradh anns a h-uile clas agus bha an triùir a' tighinn còmhla aig deireadh na h-oidhche airson seinn.

WRITING, TRAVELLING AND TEACHING

It was in the year following my father's death that my mother wrote her first article.

I can clearly remember the occasion when she told me that she was considering writing for *Gairm* magazine. Dan Martin regularly sent her issues and she had noticed that some of the articles were accounts of the writers' formative years. She decided to write a piece about her own schooldays, and 'Sgoil Cholbhasaigh' ('Colonsay School') was published in 1983. This was not the only significant thing that was to happen that year, for, although now aged sixty-six, she was still very fit and healthy. She was used to working hard and living a very full life, and so when she began to recover from my father's death she felt drawn to working again – especially at the end of the summer and beginning of autumn when there were no Gaelic classes or other events happening. In the summer of 1983 she spotted an advertisement for a cook at Black Mount Lodge – a large hunting-lodge beside Loch Tulla, near Rannoch Moor. The work was for the shooting season, which covered August, September and part of October, and so was exactly what she was looking for.

She became extremely fond of the area, inspiring her to write her second magazine article, 'Am measg nan Cnocan Dubha' ('Around the Black Mount'), which was published in 1984.

Over the next few years she spent the late summer and early autumn working in a variety of Highland locations – twice at Black Mount Lodge and also in Ardgour and Applecross. She went away to work for the last time in 1988, when she was seventy-one. Meanwhile, she was still teaching night-classes, although the format of these was changing, to cope with increasing numbers of new students. Through the auspices of the local An Comunn branch, 'The Dunoon Gaelic Workshop' was set up, with classes at three different levels – Beginners, Intermediate and Advanced – taught respectively by my mother, Angus MacTavish and the Rev. Donald Stewart. Special emphasis was placed on conversation and all three classes came together at the end of the night for singing. This proved to be highly successful, with the music being as popular as the spoken language, leading to the formation of the 'The Dunoon Gaelic Workshop Singers', an informal choir which replaced the original Dunoon Gaelic Choir. They were conducted by Angus's wife Wilma, and eventually became the core of the new Cowal Gaelic Choir which was formed during the 1990s.

A' SGRÌOBHADH, A' SIUBHAL AGUS A' TEAGASG

Bha Aonghas agus Dòmhnall a cheart cho measail air ceòl 's a bha mo mhàthair, agus gu clis chaidh 'The Dunoon Gaelic Workshop Singers' a stèidheachadh mar chòisir neo-fhoirmeil. Bha iad fo làimh Wilma NicThàmhais, bean Aonghais, agus sheinn iad gu tric aig consairtean agus tachartasan sòisealta eile anns a' bhaile. B' iadsan bun-stèidh Còisir Ghàidhlig Chòmhghail, a thòisich anns na Naochadan agus a bha cho soirbheachail aig na Mòdan san àm sin.

Ged a bha i cho trang, fhuair mo mhàthair ùine airson sgrìobhadh cuideachd, agus eadar 1993 agus 1995 chaidh 'Camanachd ann an Colbhasaigh', 'Sealladh bhom Uinneig', 'Riasg Buidhe' agus 'A' Ghlas-Àird' fhoillseachadh.

WRITING, TRAVELLING AND TEACHING

My mother found that she now had more time for reading, writing and research, and between 1993 and 1995 she was particularly busy, with 'Camanachd ann an Eilean Cholbhasaigh' ('Shinty in Colonsay'), 'Sealladh bhom Uinneig' ('A View from my Window'), 'Riasg Buidhe' and 'Làithean M' Òige anns a' Ghlas-Àird' ('My Young Days in Glassard') all appearing in print at this time.

DEIREADH AN SGEÒIL

Nuair a thàinig am Mòd Nàiseanta gu Dùn Omhain ann an 1994, dh'obraich mo mhàthair gu dìcheallach airson Comataidh a' Mhòid agus ann an caochladh dhòighean practaigeach. Eadar 1994 agus 1996 bha i a cheart cho trang, oir a bharrachd air teagasg rinn i agallamhan airson Radio nan Gàidheal agus thug i òraidean do bhuidhnean coimhearsnachd fhad 's a bha i fhathast a' teagasg, a' sgrìobhadh agus a' rannsachadh Gàidhlig.

San t-samhradh 1996 thòisich i a' sgrìobhadh an artaigil 'Eilean Orasaigh'. Nuair a chuir i crìoch air a' chiad dreach leugh i dhòmhsa e. Aig deireadh an sgeòil thachair rud gu math neònach – thòisich i ri caoineadh agus thuirt i riumsa, "Tha mi a' smaoineachadh gur e seo an artaigil as fheàrr a sgrìobh mi riamh."

Chuir seo an t-uabhas iongnaidh ormsa, oir cha bhiodh i a' caoineadh tric, ach tha mi a' creidsinn gu bheil pìosan anns an artaigil sin a thàinig dìreach às a cridhe, agus 's dòcha gun robh fios aice gum b' e seo an artaigil mu dheireadh a sgrìobhadh i.

Cha d' fhuair i cothrom an artaigil mu dheireadh seo a chur gu *Gairm* agus cha robh ùine air fhàgail airson a ceartachadh na bu mhotha. Aig toiseach na Dàmhair, gun rabhadh, dh'fhàs i glè bhochd. Ghiùlain i an tinneas seo le neart agus misneachd – mar bu dual dhi – ach cha d' fhuair i thairis air. Chaochail mo mhàthair air an t-6mh latha den Ghearran 1997, mìos ron latha a bhiodh i air ceithir fichead bliadhna a ruighinn. B' e mi fhèin a chuir 'Eilean Orasaigh' gu *Gairm*, agus chaidh fhoillseachadh anns a' gheamhradh 1997 mar chuimhneachan air a beatha agus air boireannach sònraichte.

THE END OF THE STORY

In 1994 the National Mod was held in Dunoon. A lot of fund-raising was required and, as ever, my mother was in the thick of things – as a member of the Mod Committee and helping in a wide variety of other practical ways. She was the Gaelic reader for the Cowal Gaelic Choir and also tutored local singers who were planning to compete in the solo competitions. During Mod week she worked as a chairperson and was particularly proud to be asked to read from the Gaelic Bible at the church service which began the week. She was also interviewed for Radio nan Gàidheal, which was a new and enjoyable experience. The Dunoon Mod of 1994 proved to be a most successful one and she felt very satisfied with the contribution she had made.

Between 1994 and 1996 she continued to be as busy as ever – although no-one realised that these would be her final years. She recorded a number of other interviews for Radio nan Gàidheal and also a short section for one of the *Speaking Our Language* videos. As well as leading a Gaelic conversation group in her own home, she continued as Gaelic reader for the Cowal Choir and gave talks to local community groups, while still finding time for reading and research and giving her whole-hearted support to every initiative connected with Gaelic language or music. In the summer of 1996 she began the article 'Eilean Orasaigh' ('The Island of Oronsay'). When she had finished the first draft she read it aloud to me, and as she read the final words a very strange thing happened – she began to cry and said, "I think this is the best article I've ever written."

This was most surprising because I had seldom seen her cry, but I believe that there are sections of that particular article that came straight from her heart and that, perhaps, she already knew that it was the last one that she would ever write. She was not to have the time to do any more work on it or to send it to *Gairm*, for at the beginning of October, without any warning, she became seriously ill. She endured this illness with her customary fortitude and courage – but did not recover. My mother died on the 6th of February 1997 – just one month before her 80th birthday. It was left to me to submit 'Eilean Orasaigh' to *Gairm*, where it was published in the winter of 1997 as a tribute to a remarkable life and a remarkable woman.

It gives me the greatest pleasure to see all seven of her articles now gathered together and published in both Gaelic and English for a new and wider audience to enjoy. Not only are they a valuable record of social history, they also provide a tantalising glimpse of her lively personality, which combined great humanity

Barbra anns a' mheadhan, còmhla ri Ceitidh agus Sarah Jane Satchel, màthair Sidney. West Hoathly, mu 1940

Sidney agus Callum le crodh agus cearcan. An Àird Sginis, mu 1951

THE END OF THE STORY

and a natural respect for her heritage and community with a mischievous sense of humour and an indomitable spirit. When my mother died she left a legacy that was precious in many ways, for, as well as these articles, she left poetry, short stories, recordings of her voice and a large and varied Gaelic library. I am absolutely certain that she would be delighted to share part of this legacy with you.

ARTAIGILEAN BARBRA CHOLLA

GAIRM ARTICLES
BY BARBARA (MACALLISTER) SATCHEL
EDITED BY MORAG LAW

AIR AN DEASACHADH LE MÒRAG LAW

1
AN RIASG BUIDHE

B' e sreath de thaighean-tugha dlùth air a' chladach a bh' anns a' bhaile bheag seo, taighean a thog muinntir a' bhaile iad fhèin. Bha cabhsair de chlachan sìnte a' ruith o cheann gu ceann mun coinneamh. Cha robh gàrraidhean fhlùr aca, ach dìreach na *lilies* aig Màiri Dharach. Bha croitean thall pìos math air cùl a' bhaile. B' e obair throm a bh' ann nuair a dh'fheumadh na mnathan a bhith giùlan buntàta, mòine 's mar sin air aghaidh ann am basgaidean air an dromannan. Bhiodh fir a' bhaile thall ann an Diùraigh ag iasgach ghiomach 's gan creic airson beòshlàint – b' ann ann uamh a bhiodh iad a' fuireach.

Bha taigh Sheumais na sheasamh leis fhèin, 's b' e seo an aon àite san robh gàrradh. Bhiodh dearcan dubh, gròiseidean agus *rhubarb* aige. Cha robh Seumas pòsta, ach b' e caraid na cloinne. Bhiomaid a' tadhal air Didòmhnaich a leigeil fhaicinn dha nam *peenies* ghlan againn. Bhiodh aran lof aige agus bheireadh e dhuinn pìos is ìm is siùcar. Bha cluas gu math truacanta aige agus dh'èisteadh e ris na cùraman againn. Anns a' chiad taigh san t-sreath bha am bàrd Colbhasach, Gilleasbaig MacNèill, a' fuireach. Tha e searbh nach eil an obair aige sgrìobhte, oir rinn e òrain èibhinn mhath. Bha cù mòr dubh aige le Ready mar ainm, agus bha Ready crosta – bha eagal againn roimhe.

Anns an ath thaigh bha clann NicLeòid agus an seanmhair, Mrs MacFadyen – b' e 'Fàidi' a bhiodh againn oirre. Tha cuimhn' a'm gum biodh i a' sàbhadh fiodh airson na teine. Bha an nighean aice, Mrs MacLeod, air falbh ann an seirbheis aig aon àm agus bha i car droil – cha mheasgaicheadh i le daoine a' bhaile; bha ise 'cho ionnsaichte'. 'S anns an ath thaigh a bha Màiri Dharach, a bhiodh a' figheadh stocainnean don a h-uile duine sa bhaile. Bha coimhearsnach aice dom b' ainm Catrìona Alasdair. B' ise ban-tàillear an eilein; bhiodh i a' fuaigheal dha na h-uaislean 's na h-ìosalan. Bha beairt-innleachd fuaigheil aice agus, air làithean fliuch, rachamaid a-staigh do thaigh Catrìona agus bheireadh i dhuinn 'port' air a' *mhachine*. Cha robh i mòr le Màiri Dharach 's bhiodh i ag ràdh, "Cha bhi, eudail, a' figheadh ach daoine leisg."

Bha an taigh againne anns a' mheadhan, 's an sin fear mo sheanmhar. Aig a' cheann shìos uile-gu-lèir bha taigh bràthair m' athar. Bha mu dhusan cloinne aige 's bha bean laghach aige à Sòdhaigh. Bu toigh leinn a bhith a' dol don taigh sin. Bha bràthair m' athar glè naomh; bhiodh searmon beag aige anns an taigh a h-uile oidhche mun teideadh iad a chadal. Bha aig a' chlann bhon bhaile bheag seo ri coiseachd trì mìltean chun na sgoile. Bha aca ri dhol pìos math mun ruigeadh iad an rathad-mòr – bhiodh brògan tacaideach orra

1
RIASG BUIDHE

This little village consisted of a row of thatched houses which had been built close to the shore by the inhabitants themselves. A pavement of straight, flat stones ran from one end to the other in front of the houses. They had no flower gardens – except for Mary Darroch's lilies. There were crofts some distance away, at the back of the village. It was hard work for the women, who had to carry things like potatoes and peats in baskets on their backs. The men would be over in Jura fishing for lobsters to sell to make a livelihood and would live in a cave while over there.

Jimmy's[1] house stood all by itself and this was the one place that had a garden, where he grew blackcurrants, gooseberries and rhubarb. Jimmy was unmarried but he was a friend to the children, and we would visit him on Sundays to let him see our clean pinafores. He had 'loaf bread' and he would give us a 'piece' with butter and sugar. He was a sympathetic listener and would listen to all our worries. In the first house in the row lived the Colonsay Bard, Archibald MacNeill. It's a pity that his work is not written down because he was good at composing humorous songs. He had a big fierce black dog called Ready of which we were afraid.

In the next house lived the MacLeod family with their grandmother, Mrs MacFadyen, whom we called 'Fàidi'. I can remember her sawing wood for the fire. Her daughter, Mrs MacLeod, had been away in domestic service at one time and she was a little odd – she didn't mix with the village people, as she was 'so educated'[2]. Next door was Mary Darroch, who knitted stockings for everyone in the village. Her neighbour was Catriona Alasdair, who was the seamstress for the island and did sewing for rich and poor alike. She had a sewing machine and on wet days we would go to Catriona's house, where she would 'give us a tune on the machine'[3]. She and Mary Darroch didn't get on and she would say, "My dear, it's only lazy people who knit!"

Our house was in the middle and then my grandmother's was next. At the very far end was my uncle's house (my father's brother). He had about a dozen children and a lovely wife from the island of Soay, and we liked going to that house. My uncle was very religious and held a little service in the house every night before they all went to bed.

The children of the little village had to walk three miles to school. They had to travel quite a distance before they reached the main road, wearing tacketty boots

53

AN RIASG BUIDHE

anns a' gheamhradh, agus cas-rùisgte san t-samhradh. Bhiodh pìos bonnaich mineadh agus ìm aca nam pòcaid airson an dinneir aig meadhan-latha, 's b' ann gu dearbh glè acrach a bhiodh iad mun ruigeadh iad dhachaigh airson an tràth-feasgair. Gheibheadh iad iasg saillte le buntàta, *stew* coinein, brot no, math dh'fhaodte, buntàta 's sgadan. B' e bonnach mineadh an t-aran: chan fhaigheadh tu lof ach aig a' Bhliadhn' Ùir, ach air uairean bhiodh lof ann le *currants* – bha seo cho math ri cèic sam bith. Bhiodh Seumas a' ceannach lof na bu trice, a chionn cha robh e a' deasachadh mar a bhiodh mnathan a' bhaile.

Thigeadh 'Bodach Claus' aig an Nollaig, agus lìonadh e na stocainnean mòra dubha a bhiodh Màiri Dharach a' figheadh dhuinn le ubhal, orainsear, cnothan, mìlsean agus, daonnan, tiodhlac bheag air choreigin. Bhiodh na daoine a' sgrìobhadh air falbh do Ghlaschu chun Bhlackwood airson bogsa mòr de bhiadh. Bha aon bhodach anns a' bhaile 's cha robh uabhas Beurla Shasannach aige, agus bhiodh a bhean a' fulang leis a' chion mheirbhidh. Aon uair, aig deireadh litir Blackwood, chuir am bodach: "P.S. And a pound of soda for Bell, for the storm."

B' e am fearas-chuideachd a b' fheàrr leis na cailean beaga a bhith a' dèanamh thaighean beaga. Bha creagan freagarrach airson a' ghnothaich ri taobh na h-aibhne far am biodh sinn, anns an t-samhradh, gar glanadh fhèin. Cha robh ann ach glè bheag de chraobhan ach bha tè shònraichte ann air an robh àrdadan letheach suas, 's nuair a thigeadh an t-uisge b' ann sa chraoibh seo a bha sinn a' fasgadh.

Cha robh rathad mòr ceart a' dol a dh'ionnsaigh a' bhaile: b' ann air chois tro na cnocan a rachadh daoine don bhùth a bha mu thrì mìltean air falbh. Dh'abrainn gum b' e astar glè mhòr a bha seo, a' giùlain pocaidhean mòra mineadh agus gnothaichean eile. Choinnich cuideigin ri mo sheanair aon latha 's poca mineadh air a dhruim. Bha mo sheanair bodhar. Thuirt am fear eile ris, "Ciamar a tha thu an-diugh, a Cholla?"

Fhreagair mo sheanair, "Tha bolla mineadh."

Thuirt am fear eile, "Agus ciamar a tha daoine san Riasg Buidhe?"

Thuirt mo sheanair, "Tha deich air fhichead." Tha eagal orm gum biodh bolla mineadh barrachd is sin an-diugh!

RIASG BUIDHE

in winter and going barefoot in summer. They would have a piece of griddle-scone and butter in their pockets for their midday dinner and would undoubtedly be very hungry for their evening meal when they returned home. They might have salt fish and potatoes, rabbit stew, soup or perhaps potatoes and herring. Griddle[4]-scones were the only bread – you got 'loaf'[5] only at the New Year, but sometimes there would be currant-loaf and this was as good as any cake. Jimmy bought 'loaf' more often because he didn't bake as the village women did.

Santa Claus came at Christmas and would fill the big black stockings that Mary Darroch had knitted for us with an apple, an orange, nuts, sweets and always a little gift of some kind. People would write to Blackwoods in Glasgow for a big box[6] of food. There was one old man in the village who didn't speak an awful lot of English and whose wife suffered from indigestion. On one occasion he concluded his letter to Blackwoods: "P.S. And a pound of soda for Bell for the storm"[7].

The little girls' favourite pastime was playing at 'wee houses'. There were suitable rocks for this beside the stream where we washed ourselves in the summer time. There were very few trees but there was a special one where a hillock sloped up and we sheltered there when the rain came.

There was no main road to the village and people had to walk about three miles through the hills to reach the shop. I would say that this was a considerable distance when one was carrying big bags of flour and other things. Somebody met my grandfather one day while he was carrying a big bag of flour on his back. My grandfather was deaf. The other fellow said to him, "How are you today, Coll?"

To which my grandfather replied, "It's a boll[8] of flour."

Then the other fellow said, "And how are the folk in Riasg Buidhe?"

My grandfather replied, "It cost thirty!"[9] I'm afraid a boll of flour would cost more than that today!

In 1922 we had to leave this beautiful place. Lady Strathcona had ten fine houses built for us in Glassard – but the Bard did not want to leave his own home. He stayed in Riasg Buidhe by himself for many months before he came to Glassard.

AN RIASG BUIDHE

Ann an Naoi Ceud Deug agus a Dhà air Fhichead, b' fheudar dhuinn an t-àite prìseil seo fhàgail. Thog a' Bhan-Mhormhair Strathcona deich taighean mòra gasta dhuinn anns a' Ghlas-Àird, ach cha robh dhìth air a' bhàrd a thaigh fhèin fhàgail. Dh'fhan e leis fhèin fad mìosachan anns an Riasg mus tàinig e don Ghlas-Àird. Tha mi a' dèanamh dheth gun robh nàdar an fhàidheadair ann cho math ri bàrdachd, oir rinn e òran airson càraid òg a bha a' suirghe mar a leanas:

> Thèid thu null leam, a rùin,
> 'S bidh taigh ùr againn sa Ghlas-Àird;
> 'S bhon tha 'n àiteirich cho mòr,
> Gheibh sinn òran san dol seachad.
>
> Chì thu fhèin gu bheil iad rìomhach,
> Air an gnìomh le aol 's le clachan;
> Sglèatan tana Bhaile Chaolais
> Tha gan dìon bho ghaoth 's bho fhrasan.
>
> Bidh gu leòr againn co-dhiù,
> 'S gheibh sinn inneal-giùlain dhachaigh,
> 'S nuair a bhios tu dol don bhùth
> Bheir e null thu fhèin 's an leanabh.
>
> (Air an fhonn aig 'A-null thar an Aiseig')

Cha tàinig motor-car don eilean gus mu fhichead bliadhna an dèidh sin, ach 's fheudar gun d' fhuair am bàrd rabhadh roimhe sin! Cha robh mise ach còig bliadhna nuair a dh'imrig sinn don Ghlas-Àird. Chuir sinn seachad bliadhnachan làn toileachais ann – bha croitean brèagha a' dol a-sìos chun a' chladaich aig gach taigh. An-diugh chan fhaicear annta ach gobharaichean ag ithe an fheòir a b' àbhaist a bhith a' toirt biadh don chrodh. Tha an *deep freezer* a-nis a' cumail biadh ris na daoine 's chan eil iomradh air iasgach no air bleoghan.

Co-dhiù, 's e naidheachd eile a tha anns a' Ghlas-Àird ...

RIASG BUIDHE

I reckon that he was a bit of a prophet as well as a poet, as he composed a song for a young relative who was courting which goes as follows:

> You'll go over there with me, my love,
> And we'll have a new house in Glassard,
> And because the accommodation is so spacious,
> We'll sing a song to pass the time.
>
> You'll see for yourself that they are magnificent,
> Built with lime and stones;
> Thin slates from Ballachulish
> Protect them from the wind and showers.
>
> Anyway, we'll be well off
> And we'll have a carrying-machine[10] to take us home,
> And when you're going to the shop,
> It'll transport you and the baby over there.
>
> (To the tune of 'A-null thar an Aiseig')

No motor-cars came to the island till about twenty years after that, but perhaps the Bard had a premonition! I was only five when we moved to Glassard, where we spent many happy years. There were lovely crofts going all the way down to the shore at each house. Today all that can be seen are wild goats eating the grass that once provided fodder for cattle. Freezers now keep the people supplied with food and there is no word of fishing or milking.

However, Glassard is another story ...

1. James Reid
2. She was considered to have ideas above her station.
3. i.e. demonstrate how the sewing-machine worked
4. Pronounced 'girdle' in Colonsay
5. shop-bought bread
6. actually a tea-chest
7. 'the storm' – wind/indigestion!
8. an old Scottish unit of measurement - 140 pounds
9. It cost thirty pennies.
10. My mother understood this to be a reference to a car.

2
LÀITHEAN M' ÒIGE ANNS A' GHLAS-ÀIRD

Ann an Naoi Ceud Deug Fichead 's a Dhà chaidh an teaghlach againn às an Riasg Buidhe don Ghlas-Àird na bu tràithe na an còrr de mhuinntir a' bhaile, oir bha mo mhàthair lethtromach, 's bha feum air taigh ùr. Cha robh mise ach còig bliadhna a dh'aois, ach tha cuimhne shoilleir agam air i fhèin agus a' chlann a b' òige a' coiseachd thar a' Chàirn Mhòir, 's i a' giùlain an lòchrain. Dh'fhalbh m' athair agus na balaich mhòra air rathad a b' fhasa, le carbad agus an imrich. Nuair a ràinig sinn a' Ghlas-Àird, bha nighean bràthair m' athar a' feitheamh oirnn anns an taigh ùr agus tha cuimhne agam gun robh i a' dannsadh a' Valeta Waltz leam air a' cheann-staidhre. Tha ise a-nis thairis air deich is ceithir fichead agus a' fuireach ann an Dùn Blathain.

B' e taigh gasta a bh' ann. Shuas an staidhre bha trì seòmraichean-cadail – fear gorm, fear buidhe agus fear air dath soilleir eile. Bha sealladh brèagha bho na h-uinneagan, ag amharc a-null air na beanntan Diùrach. Bha dà sheòmar-suidhe shìos an staidhre agus fear airson sguideilearachd. Bha pìoban ann le uisge fuar agus guitear. Cha d' fhuair sinn seòmar-ionnlaid 's uisge teth an toiseach ach tha e air a ràdh nach robh an còrr airgid air fhàgail airson nan nithean sinn. Co-dhiù, bha a h-uile duine toilichte gu leòr.

Cha robh sinn anns an àite uabhasach fada nuair a chuala sinn, aon mhadainn, fuaim caoineadh duine beag a' tighinn a-nìos an staidhre. B' e seo Dòmhnall Phàraig air tighinn air follais. Bha na daoine mòra ag innse dhuinn gun d' fhuair an lighiche an duine beag seo ann an tobar agus bha sinn gan creidsinn! Dh'fhàs Dòmhnall Phàraig na bhalachan beag prìseil agus gaol mòr aig a cheithir peathraichean air. A-mach às na ceithir bràithrean, 's e an aon fhear a tha air fhàgail, agus tha e a' fuireach a-nis le a theaghlach fhèin ann an Canada.

B' e rinn cùisean gu math gasta gun robh an taigh againne eadar dà thaigh anns an robh dà bhràthair pòsta ri dà phiuthar agus sia cloinn aig gach càraid. Bha sinn glè shona, leis na feadhainn a b' òige den teaghlach againne a' measgachadh leis a' chloinn a bha air gach taobh dhinn. Bha croit aig gach taigh, a' dol a-sìos chun a' chladaich, agus bha bà-thaighean ùra ann cuideachd le àite airson dà mhart agus laoigh, 's air uairean muc no dhà. Bha lobhta anns gach bà-thaigh far am biodh feadhainn a' cumail feur agus arbhar a' gheamhraidh. Bhiodh cuid de na daoine a' dèanamh cruach mhòr car dlùth air an taigh; bu ghasta leis a' chloinn a bhith a' toirt 'cuideachadh' (nan dòigh fhèin) le trusadh an fheòir thar nan croitean, 's sinn ga phronnadh anns a' chruaich.

2
MY YOUNG DAYS IN GLASSARD

In 1922 our family left Riasg Buidhe earlier than the other villagers because my mother was pregnant and we needed a new house. I was only five years old but I can clearly remember her walking with the younger children over the Càrn Mòr, carrying the lantern. My father and the older boys went by the easier road with a cart and the 'flitting'[1]. When we arrived in Glassard, my cousin was waiting for us and I remember her dancing a Valeta Waltz with me on the top landing. She is now over ninety and she lives in Dunblane. It was a fine house, with three bedrooms upstairs – a blue one, a yellow one and one of another bright colour. From the windows there was a lovely view across to the mountains of Jura. Downstairs, there were two sitting-rooms plus a scullery, and there was piped cold water and sanitation. To begin with there was no bathroom or hot water, but apparently there wasn't enough money left for those things. However, everyone was quite satisfied.

We hadn't been there very long when, one morning, we heard the sound of a little person crying, coming from downstairs. This was Donald Peter announcing his arrival into the world, and when the adults told us that the doctor had found this little fellow in a well, we believed it! Donald Peter grew to be a lovely little boy, much loved by his four sisters. Out of the four brothers, he is the only one left and now lives with his own family in Canada. It was especially good for us that our house was situated between two houses where two brothers were married to two sisters and each couple had six children. We were very happy, with the younger ones from our family socialising with the children on either side of us. Each house had a croft extending down to the shore and there were new byres too, with room for two cows and a calf or sometimes one or two pigs. There was a loft in each byre where some people kept hay and corn for the winter. Some folk would make a big haystack quite close to their house and it was good fun for the children to 'help' (in their own way ...) by collecting the hay that was spread out over the crofts and then poking it into the haystack.

Crofting did not provide enough of a livelihood for the villagers – the men needed regular work too, and my father was responsible for the maintenance of the main roads. The boys would get agricultural work on the farms or else work in the large, famous garden belonging to the laird. In those days it was a beautiful garden, with all kinds of plants growing in it, including some very valuable shrubs from India, but I'm afraid it's not so lovely today.

Sometimes my father would go to the hotel for a drink, especially if he had met up with visitors to the island. They would drink beer because there was no licence to

LÀITHEAN M' ÒIGE ANNS A' GHLAS-ÀIRD

Cha chumadh a' chroit gu leòr a bheòshlaint riutha: dh'fheumadh fear an taighe obair shuidhichte a bhith aige, agus bha m' athair ag amharc às dèidh nan rathaidean-mòra. Gheibheadh na balaich obair fearainn aig na tuathanaich no obair ann an gàrradh mòr ainmeil a bhuineadh don uachdaran. B' e gàrradh lurach a bh' ann sna làithean sin. A bharrachd air lusan dhe gach seòrsa, bha preasan gu math fiachail a thàinig às na h-Innsean a' cinntinn ann, ach chan eil e cho brèagha an-diugh, tha eagal orm.

Bhiodh m' athair a' gabhail an deoch corr uair, nuair a thachradh luchd-turais air. B' e leann a bhiodh iad ag òl – cha d' fhuair iad cead uisge-beatha a chreic anns an eilean gus mu Naoi Deug is Trì Fichead. Nuair a chluinneadh i gun robh e anns an 'Tap Room', bhiodh mo mhàthair bhochd ag ràdh rinn, "Na ithibh an còrr den lof sin a-nis. Chan ith esan sgona, 's bithidh e a' bruidhinn Beurla Shasannach nuair a thig e dhachaigh – bidh e cho Gallta!"

Bha bàta aig a' mhòr-chuid airson iasgach. Bhiodh an t-iasg air a shailleadh, air a thiormachadh a-mach air na creagan, 's an sin air a chruadhachadh airson biadh geamhraidh. Bhiodh mo mhàthair air uairean a' dèanamh *stew* le uinneanan, flùr is bainne le pìosachan iasg bruich, ann am pana mòr iarainn. 'S e bha blasta!

Nuair a bhiodh sìde thioram ann, b' ann aig an allt a bhiodh sinn a' nigheadarachd an aodaich – spòrs air leth don chloinn. Bha goileadair mòr iarainn suidhichte air clachan 's bhiodh sinn ga lìonadh le uisge 's a' dèanamh teine mhòr fodha. Bhiodh tubainn fhiodh agus bùird-nigheadarachd gan cur am feum cuideachd. Bhiodh na rudan geala air an goileadh 's air an sgaoileadh thar nan cnocan beaga fraoich – bhiodh fàileadh gasta glan dhiubh. Uair anns a' bhliadhna bhiodh glanadh phlangaidean againn agus bhiodh na cailean a' faighinn latha dheth bhon sgoil airson plocadh nam plangaidean.

Anns an t-samhradh, b' ann aig a' chladach a bu trice a bhiodh sinn a' cur seachad na h-ùine. Cha robh gainmheach ann ach bhiomaid gar failceadh 's a' fulang nan clachagan mu ar casan. Dh'ionnsaich sinn snàmh gu nàdarra agus cha robh iomradh air *swimming baths*. Bha lìomhragach a' cinntinn anns na lòintean cladaich – dhèanamaid 'maistreachadh' leis a seo le bioran fiodh. Dh'fhàisgeadh sinn an sàl às agus dh'fhàgamaid e a thiormachadh air na creagan. Bha e 'n sin a' tionndadh geal le teas na grèine agus bhiodh sinn ag ràdh gum b' e seo an t-ìm! Air uairean bhiodh sinn a' falbh do cheann tuath an eilein, a chur seachad an latha air tràighean brèagha gainmhich.

MY YOUNG DAYS IN GLASSARD

sell whisky on the island till 1960. When my poor mother heard that he was in the 'Tap Room'[2], she would say to us, "Now, don't eat any more of that bread! When he comes home he won't want to eat scones – and he'll be speaking English, he'll be just like a Lowlander!"

Most of the people had a boat, which could be used for fishing. The fish would be salted, dried on the rocks and then cured for winter food. Sometimes my mother would make a kind of stew with onions, flour and milk, boiled with pieces of fish in a big iron pan. It was really tasty!

When the weather was dry, we washed the clothes down by the stream, which was great fun for the children. There was a big iron boiler sitting on stones which we would fill with water, and then we would light a big fire underneath. Wooden tubs and washing boards would also be used. The white things would be boiled and then spread out on the little heathery hillocks to dry, and there would be a lovely clean smell from them. The blankets were washed once a year and the girls would get a day off from school to help with 'tramping the blankets'[3].

In the summer time we spent most of our time at the shore. There was no sand but we would still bathe anyway and soon became accustomed to the pebbles around our feet. We learned to swim naturally, with no thought of going to swimming baths.

A green seaweed called *liomhragach*[4] grew in the rock pools, and we would pretend to churn it with a piece of wood. We would press the salt water out of it and leave it to dry on the rocks, where it would turn white with the heat of the sun. We would then say that this was the 'butter'!

Sometimes we went to the north end of the island, to spend a day on the beautiful sandy beaches. In the winter, when the frost came, we headed for the hills to search for pools that were frozen hard enough to slide on.

When we got a bit older we would travel further afield for a 'moonlight picnic'. We especially enjoyed dancing on the sand by the light of the moon to the music of the bagpipes. We would light a big fire of driftwood from the shore, and then we would sit around it and sing songs. When the fun was over we would march home, led by the piper. We would be very hungry when we got home again and we would enjoy searching out any left-over food and making tea.

LÀITHEAN M' ÒIGE ANNS A' GHLAS-ÀIRD

Anns a' gheamhradh, nuair a thigeadh an reothadh, bheireamaid na cnocan oirnn a rùrach lòintean a bhiodh cruaidh gu leòr airson sleamhnachadh. Nuair a dh'fhàs sinn na bu shine rachamaid air astar airson 'moonlight picnic'. Bu toigh leinn gu sònraichte a bhith a' dannsadh air a' ghainmhich ri solas na gealaich, 's bhiodh pìobaire leinn. Bhiodh sinn a' lasadh teine mhòr le fiodh thar a' chladaich, a' suidhe timcheall air a seo 's a' seinn òrain. Nuair a bhiodh an spòrs seachad, bhiodh sinn a' caismeachd dhachaigh, am pìobaire aig ar ceann. B' ann glè acrach a bhiodh sinn nuair a ruigeamaid an dachaigh a-rithist agus bhiodh toil-inntinneas gu leòr againn a' rùrach biadh sam bith a bha mun cuairt 's a' dèanamh tì.

Bu toigh leis na balaich a bhith a' siubhal a' chladaich, gu sònraichte air latha stoirmeil. Gheibheadh iad glè thric cobhartach ùiseil, gu sònraichte an àm a' chogaidh – bha a h-uile rud glè ghann san àm sin. Dh'fheumadh na bodaich glè thric a bhith às eugmhais tombaca. Bhiodh iad a' tiormachadh lusan 's gan smocadh. Thuirt fear de na gillean ri fear dhiubh aon latha, "Dè tha sibh a' smocadh an-diugh?"

"Tha, a bhalaich, Queen o' the Meadow agus Creachdach!"

Iomadh uair, air Latha na Bliadhn' Ùir', bhiodh fir a' bhaile ag iomram a-null do Dhiùraigh, mura biodh stoirm ann. Deagh astar – 's mar bu trice thigeadh iad dhachaigh agus fiadh no dhà aca. Bhiodh iad a' sailleadh na feòla nach robh air a h-ithe ùr.

Nuair a bhiodh an t-uachdaran anns an eilean bhiodh an long-toileachais aige – The Kiloran – acraichte dìreach mu choinneamh na Glais-Àird. Bha fear de na seòladairean math air cluich na pìoba agus bu toigh leinn a bhith ag èisteachd ris a' chèol tighinn thar an uisge anns na feasgair. Saoilidh mi gur e seo an dòigh as fheàrr an ceòl sònraichte seo a chluinntinn.

Bha aon bhràthair aig m' athair a bhuineadh don Eaglais Bhaisteach. Bu toigh leis a bhith seinn laoidhean shuas na shèomar anns na feasgair agus glè thric b' e fonn òrain a bhiodh orra. Bhiodh a' chloinn mhosach ag èisteachd ris, 's bhiodh iad ag ràdh, "'S e 'An t-Eilean Muileach' agus 'Fear a' Bhàta' a tha aige a-nochd!"

Cha robh e pòsta agus bha *notion* aig aon de mhnathan a' bhaile dheth. Aon latha, nuair a chunnaic aon de na mnathan eile i 's i ag amharc gu math toilichte leatha fhèin, thuirt i, "'S fheudar gun robh i siud anns an 'atmosfar' aig Pàraig!"

MY YOUNG DAYS IN GLASSARD

The boys liked to walk along the shore, especially on a stormy day. They would often find useful *cobhartach*[5], especially during war-time. Everything was very scarce at that time – the old men often had to do without tobacco and they would dry wild plants and smoke them. One day one of the boys said to one of them, "What are you smoking today?"

To which he replied "Well, laddie, it's Queen o' the Meadow and Purple Loosestrife!"

It was a regular custom for the men of the village to row across to Jura on New Year's Day – if it wasn't too stormy. Although this was a considerable distance, they would usually return with a deer or two, and any meat that wasn't eaten fresh would be salted. When the laird was on the island, his yacht, *The Kiloran*, would be anchored immediately opposite Glassard. One of the sailors was good at playing the pipes and we enjoyed listening to the sound of the music coming across the water in the evenings. I think this is the best way to hear this distinctive music.

One of my uncles belonged to the Baptist church and liked to sing hymns up in his bedroom in the evenings. These were very often set to the tunes of popular songs. The cheeky children would eavesdrop on him and would say, "He's singing 'An t-Eilean Muileach' ('The Isle of Mull') and 'Fear a' Bhàta' ('The Boatman') tonight!"

He was unmarried and one of the village women had a fancy for him. One day, when one of the other women saw her looking very pleased with herself, she said, "She must have been in Peter's vicinity and shared the same atmosphere!"

The girls had to go away to work on the mainland and would come home on holiday. I came home for my wedding to an Englishman and we had two or three great days for the occasion. Luckily, they[6] liked him and he went on to learn Gaelic. The place is greatly changed these days, with strangers in the houses – except for one or two – but the memories will never leave me.

1. the act of moving household effects
2. the public bar of Colonsay Hotel
3. The blankets were immersed in soapy water which was then agitated by foot.
4. enteromorpha intestinalis/gut weed/grass kelp
5. 'booty' - in this case, articles washed up on the shore by the tide
6. My mother's family and friends

LÀITHEAN M' ÒIGE ANNS A' GHLAS-ÀIRD

B' fheudar do na cailean falbh a dh'obair ach thigeamaid dhachaigh air saor-làithean. Chaidh mise dhachaigh airson mo bhanais ri Sasannach agus bha deagh dhà no trì làithean glè shona againn airson seo. Gu fortanach, chòrd mo dhuine riutha agus dh'ionnsaich e Gàidhlig.

Tha atharrachadh mòr air an àite an-diugh, le srainnsearan anns na taighean – seach aon no dhà – ach chan fhàg na cuimhneachain mi gu bràth.

Barbra agus Mòrag aig Loidse Cheann a' Loch, san Eilean Sgitheanach, 1959

3
SGOIL CHOLBHASAIGH

Seònaid an Fhuilt Throm Dhualaich

Bha falt brèagha dubh oirre, agus mar a dh'amhairceadh i ort leis an dà shùil mhòr dhonn, 's ann a shaoileadh tu gum mealladh iad na h-eòin thar nan craobhan. A' bruidhinn air *Eleven-Plus* no air *O-Grades*, cha do chualas riamh iomradh air na rudan neònach sin, ach airson teagasg chloinne, cha robh na b' fheàrr na i ri fhaighinn anns an rìoghachd.

A bharrachd air leughadh, sgrìobhadh, cunntas agus na rudan a bhios am bitheantas gan teagasg, gheibheadh na cailean figheadh, fuaigheal, gearradh 's a' dèanamh suas aodaich agus obair-ghrèis. Dh'ionnsaich i cuideachd dhaibh dè mar a dhèanadh iad iomadh seòrsa biadh.

Bha na balaich a' faotainn cladhach a' ghàrraidh agus dè mar a chuireadh iad fras airson lusan. Bhiodh a h-uile seòrsa a' cinntinn ann – càl, currain, buntàta, peasair agus iomadh rud math eile.

Bhiodh iad a' saorsainneachd 's a' clachaireachd, a' greusachd agus, gu math tric, a' marcachd – a chionn bha capall bòidheach buidhe agus dubh aice air an robh an t-ainm Ùna, agus bhiodh na balaich ga toirt on stàball don phàirc far am biodh i a' cur seachad an latha! Cha robh dìth pheataichean oirre. Bha cù aice – 's e Fionn a bh' air – mòran chait, cearcan, caora air an robh Peigi mar ainm agus crà-ghèadh air an tug i Tutankhamen.

B' ann san taigh aice fhèin an cois na sgoile anns an 't-seòmar' a bha am piàna agus an leabharlann. A h-uile Diciadain bhiodh na sgoilearan a' dol a-staigh a dh'ionnsachadh mu cheòl agus mu sheinn. Nuair a bhiodh a' bhean-theagaisg bhochd is a h aghaidh ris an inneal-ciùil, bhiodh na balaich mhosach ris a h-uile mallachadh agus a' dèanamh a h-uile rud ach seinn. 'S iomadh leisgeul a rinn na cailean a dh'fhaotainn a-staigh don t-seòmar seo, a chionn bha bogsaichean ann làn de ghnothaichean brèagha – snàthainnean air an robh a h-uile dath, grìogagan, putain de gach seòrsa, 's chan eil fhios dè. Dh'abradh iad gun robh leabhar a dhìth orra a bheireadh iad dhachaigh a leughadh, ach b' ann air na bogsaichean a bu trice a dhèanadh iad, a shealltainn air na bh' annta.

Nuair a bhiodh na leasain seachad, gu sònraichte anns an t-samhradh, rachadh i fhèin agus iadsan cuairt an siud agus an seo air feadh an eilein. Dh'inniseadh i dhaibh mu na creagan 's na bha a' cinntinn orra: neòineanan-cladaich,

3
COLONSAY SCHOOL

Janet of the Luxuriant Curls

She had beautiful black hair, and when she looked at you with her big brown eyes you could believe that they would charm the birds from the trees. Strange things like the 'Eleven-Plus' or 'O-Grades' were never mentioned but there was no-one in the land who was better at teaching children.

As well as reading, writing, arithmetic and the other usual subjects, the girls learned knitting, sewing, dressmaking and embroidery. She also taught them how to cook a wide variety of food.

The boys learned how to dig and prepare the garden for planting. A wide variety of vegetables grew in it – cabbages, carrots, potatoes and peas, along with a whole lot of other good things. They were taught woodwork, building and shoe-repairing, and sometimes horse-riding – as she had a fine black and gold mare called Una and the boys would take her from the stable to the field where she spent the day! She had no shortage of pets, as she had a dog called Fionn, numerous cats, hens, a sheep called Peggy and a shelduck called Tutankhamen.

The piano and the library were in the sitting-room in her own house, which was next to the school. Every Wednesday the children would go in there for music lessons and singing. When the poor schoolteacher sat facing the piano the naughty boys would be using bad language[1] and doing everything except singing! The girls would make all kinds of excuses to get into this room, because there were boxes in it which were full of lovely things – multi-coloured embroidery threads, beads, buttons of all kinds and I don't know what else! They would say that they wanted a book to take home to read, but more often than not they would make for the boxes to have a look at what was in them.

When lessons were over, especially in the summer time, she would take them on field-trips to various parts of the island. She would teach them about the rocks and the plants that grew on them – sea-pinks, violets and many other kinds of lovely little flowers – and would also explain the practical uses of the trees that grew in the middle of the island: oak, hazel, silver birch and willow. On the little loch they would see a variety of birds – Great Northern Divers, mallard, redshanks, herons – and if the trip was in spring time, they might see a coot's or a waterhen's nest in the reeds.

SGOIL CHOLBHASAIGH

brògan-cuthaig agus iomadh flùr beag brèagha eile; agus mu na craobhan a bha a' cinntinn ann am meadhan an eilein: darach, calltainn, beithe-gheal, seileach – bhiodh i a' foillseachadh dhaibh mu fheumalachd gach nì a bh' ann. Air an lochan shealladh iad iomadh seòrsa eun – bunabhuachaillean, lachaich-riabhach, coilich-thràghadh, corrachan-gritheach – 's ma b' ann san earrach a bhiodh iad a' dèanamh na cuairt, 's dòcha gum faiceadh iad nead bolachdain no cearc-uisge anns a' chuilc.

Creutair eile cho coibhneil bhiodh e gu math doirbh fhaotainn. Bha teaghlach sònraichte a' fuireach ann am baile uaigneach agus chaill iad am màthair an uair a bha am fear a b' òige dhiubh na leanabh. Mun rachadh iad don sgoil gun phìos (cha robh biadh ga chreic sna sgoiltean san àm ud), chuireadh i a' bhranndair air an teine 's dhèanadh i bonnaich dhaibh. Nam biodh iad air an còmhdach car truagh air uairean, bheireadh i mach pìos clòidh 's cha bhiodh i fada a' dèanamh briogais no peiteag mhuilichinneach às. Dh'fhigheadh i dhaibh stocainnean cuideachd. Tha na balaich sin an-diugh nan daoine prionnsapalach agus air amharc suas riuth' anns an rìoghachd.

Chan fhaod comharradh ceàrr a bhith air a thoirt seachad, a chionn ged a bha i gu math dèidheil air a bhith ri obair a-muigh, cha robh dearmadachd air na 'Trì Rs' agus chaidh iomadh fear is tè de na sgoilearan air aghaidh chun nan sgoiltean mòra ann an Dùn Omhain no san Òban no an Inbhir Nis, agus rinn iad uile gu math.

Thachair rud gu math duilich do h-aon de na balaich. Dh'fhàg e an sgoil bheag, a' dol a dh'ionnsachadh mu eòlas-leighis. Bha e a' faotainn air aghaidh gu math airson a' chiad bliadhna, ach aig toiseachd na dara bliadhna dh'fhàs e glè bhochd agus chaochail e. Chuir seo mulad air an àite, ach gu sònraichte muinntir na sgoile bige. Cha b' urrainn dhaibh an gnothach a bh' ann a thuigsinn – bha latha an tiodhlacaidh a' dlùthachadh agus cha tug i fhèin iomradh air dad ach a' dol timcheall air a h-obair gu sàmhach mar a b' àbhaist.

Co-dhiù, madainn an latha bhrònaich, chuir i na feadhainn a bu shine dhiubh a thrusadh còinteach. Nuair a thill iad fhuair iad ise trang a' dèanamh cuairteag. Bhon a bha gàrradh brèagha aice, bha gu leòr a fhlùraichean gallta ann, ach chuir i iad air ais a dh'fhaotainn cuid de na feadhainn bheaga nàdarra a bha a' cinntinn a chois na h-aibhne – sòbhrachain, neòineanan, biadh-ùr-eunachan agus mar sin. Le cuideachadh na cloinne, chuir i crìoch air a' chuairteig, a bha

COLONSAY SCHOOL

It would be difficult to find a kinder person. There was a particular family who lived in a remote village who had lost their mother when the youngest of them was a baby. If they came to school without a 'piece'[2] – food wasn't sold in schools at that time – she would put the griddle on the fire and make them scones herself. If they were sometimes poorly dressed, she would get a piece of cloth and would soon make trousers or a jacket – and she would knit stockings for them too. Today, those boys are grown men who are well respected members of the community. However, I mustn't give the wrong impression – for, although she loved the outdoors, the 'Three Rs' weren't neglected, and many a boy and girl progressed to high school in Dunoon or Oban or Inverness, where they all did well.

A very sad thing happened to one of the boys. He left the little school and subsequently went on to study medicine. He got on very well in his first year but at the start of the second year he fell gravely ill and then died. The islanders were grief-stricken, especially the pupils from the little school. They couldn't understand why, as the day of the funeral approached, the teacher made no reference to it but went quietly about her work as usual. Anyway, on the morning of the sad day, she sent some of the older ones to gather moss, and when they returned they found her busy making a wreath. There were lots of cultivated flowers from her own lovely garden in it, but she sent the children back to get some of the little wild ones that grew near the river, including primroses, daisies and wood-sorrel. With help from the children, she finished the beautiful wreath, and by the time the last flower was put into the moss, no-one had dry eyes. It was then that she said that they would all go together to the cemetery for the funeral.

There was another little boy who lived with her in the house – her nephew, who had lost his parents. She brought him up well and he was a very able scholar. He went to sea and wrote very descriptive letters home. She liked to read them out to the pupils because they loved to hear about the far-away countries and the ports the ship visited. During the last war[3] he was a distinguished sailor and today he is the principal of a naval college in England.

Between two lochs[4] on the way to the school, the road would flood when there was heavy rain. The schoolhouse was over on the north side of these lochs and so she arranged that a white flag should be hung on a piece of wood, then she and Una would come with the cart and ferry the children across – thus ensuring that those who were travelling from a distance didn't get their feet wet. Needless to say, the children were very pleased when there was heavy rain because this fun suited them just fine.

glè bhòidheach, agus mun deachaidh am flùr mu dheireadh anns a' chòintich cha robh sùil thioram aig duine aca. B' ann an sin a thuirt i riutha gun tèideadh i fhèin agus iadsan don chladh chun an tiodhlacaidh.

Bha balach beag eile a' fuireach còmhla leatha fhèin anns an taigh, mac a bràthar a chaill a phàrantan. 'S i a thog gu math e, agus bha e uabhasach gleusta air leasain; dh'fhalbh e gu fairge agus bhiodh e a' sgrìobhadh litirean glè chumhachdach dhachaigh. Bu toigh leatha a bhith gan leughadh a-mach do na sgoilearan, oir chòrdadh e gu math riutha a bhith a' cluinntinn mu na rìoghachdan fad' air falbh agus na puirt aig am biodh am bàta a' tadhal. An àm a' chogaidh mu dheireadh bha esan na mharaiche ainmeil agus tha e an-diugh na cheannamhaird air sgoil sheòladair ann an Sasainn.

Eadar dà loch air an rathad chun na sgoile, bhiodh an rathad a' dol fodha nam biodh dìl' uisge ann. Bha 'n taigh-sgoil' air taobh thall an loch mu thuath. Air as nach biodh casan fliuch aig feadhainn a bha tighinn air astar, dh'iarr i orra brat geal a chrochadh air pìos maide agus thigeadh i fhèin agus Ùna sa charbad gan aiseig. Bha a' chlann – cha ruig mi leas a ràdh – glè thoilichte nuair a thigeadh uisge mòr, chionn bha am fealla-dhà seo a' còrdadh riutha gu gasta.

Is iomadh latha samhraidh a choisich i fhèin agus iadsan chun na tràigh buidhe brèagha, no math dh'fhaodte do ghleannan àillein, airson fèisg bheag a bhith aca anns a' ghrèin. Bheireadh iad leotha coire, tì, siùcar, bainne, mìlsean agus aran milis de gach seòrsa. Chruinnicheadh a' chlann biorain fhraoich no fiodh thar a' chladaich, dhèanadh iad teine, lìonar an coire le uisge fìor às an tobar agus ghoileadh e air an teine airson an tì. Nuair a gheibheadh gach duine biadh, chuireadh tòrr mòr fiodh air an teine 's shuidheadh iad timcheall 's thòisicheadh an t-seinn – òrain mhath Ghàidhlig no cuairt no dhà anns a' Bheurla. Bhiodh camara aice agus chuireadh i seo am feum cuideachd. Nam biodh an làn a-staigh rachadh iad gam failceadh, agus aig deireadh a' ghnothaich thòisicheadh iad air na dannsaichean. Cha bhiodh inneal-ciùil aca ach canntaireachd. Uime sin, cha robh balach no caile a dh'fhàg an sgoil sin nach robh glè fhiosraichte anns gach ruidhle no dannsa sam bith eile a bha fasanta san àm.

A' bruidhinn air cur-seachad ùine, bhiodh cèilidh mhòr aice dhaibh a h-uile bliadhna anns an talla dlùth don sgoil. Bha i air a cur air dòigh airson airgead a thrusadh airson duaisean do na sgoilearan aig deireadh na bliadhna. Bha gu leòr a dheasachadh ri dhèanamh airson na h-oidhche mhòir seo. An toiseach

COLONSAY SCHOOL

On summer days they would frequently walk together to the beautiful golden beach[5], or perhaps to a lovely glen, to have a little picnic in the sunshine. They would take a kettle with them, along with tea, sugar, milk, sweets and a selection of cakes. The children would gather heather twigs or driftwood from the shore and they would make a fire. The kettle would be filled with spring water from the well and it would be boiled on the fire to make tea. When everyone had eaten, a lot more wood would be put on the fire and they would all sit around it and start singing – good Gaelic songs or maybe one or two in English. She had a camera and would put this to good use too. If the tide was in they would go bathing, and to round things off they would start dancing. They used mouth-music instead of musical instruments, but despite this, every boy or girl left school with a good knowledge of different types of reels – or any other kind of dance that was fashionable at the time.

Speaking of pastimes, she organised a big ceilidh for them every year in the hall near the school, to raise money for prizes for the prizegiving at the end of the year. A lot of preparation had to be made for this big night. Firstly, books of poems or songs that could be acted out were sourced – from Glasgow or Edinburgh. When these arrived the schoolchildren would choose the most suitable ones and would spend many weeks rehearsing and memorising lines. This itself provided much enjoyment – especially the dress rehearshal, when they would have their costumes. On many occasions the food[6] for this big ceilidh would not arrive till the very day it was needed. The schoolchildren and the teacher would be very worried that a south wind would blow up which would prevent the boat from coming in and then the ceilidh would need to be postponed for a week.

Everything else was cooked in her own house. She would set the boys to slice the meat and the rabbits[7] for making sandwiches and the girls would bake the cakes. If you went into the sitting-room the night before the ceilidh, you needed to move very carefully, as there would be big cakes and little cakes, long cakes and round cakes, dark cakes and light cakes, all over the floor. Despite every setback, the big ceilidh was always a great success and was much enjoyed by islanders and visitors alike. Before the summer holiday one or two of the local gentry would come and present the prizes. Usually books were given, and to this day, if you were to go into one or two houses on the island, you might see books with 'First Prize for English, 1930' or 'Second Prize for Geography, 1934' inscribed inside the front cover.

SGOIL CHOLBHASAIGH

chuirear fios do Ghlaschu no do Dhùn Èideann airson leabhraichean dàn-cluiche. Nuair a thigeadh iad, thaghadh na sgoilearan na feadhainn a bu fhreagarraiche airson a' ghnothaich agus bhiodh iad ag ionnsachadh 's a' cur air dòigh airson mòran sheachdainean. Bha seo fhèin a' toirt mòran toil-inntinn, gu sònraichte an oidhche ron àm, an uair a bhiodh an ath-aithris aodaich aca.

'S iomadh uair a bhiodh am biadh airson na cèilidh mhòir seo air bòrd na *Dunara* gus an latha a bhiodh e dhìth. 'S ann gu math iomagaineach a bhiodh a' bhean-theagaisg agus a' chlann nan tigeadh smùid de ghaoth deas a chumadh am bàta bhon chladach agus math dh'fhaodte gum feumadh iad a' chèilidh a chur dheth airson seachdain. Bha a h-uile dad ga bhruich anns an taigh aice fhèin. Chuireadh i na balaich a mhion-ghearradh na feòla 's nan coineanan airson an cur eadar aran, agus na cailean a dhèanamh nam bonnach milis. Nan tèideadh tu a-staigh don t-seòmar an oidhche ron chèilidh, dh'fheumadh tu gluasad gu math socaireach, a chionn bhiodh bonnaich bheag is mhòra, fada is cruinn, feadhainn dhubha agus feadhainn gheala, thairis air an ùrlar.

Uime sin, leis gach cnap-starra a thigeadh an rathad, bha a' chèilidh mhòr daonnan glè mhath agus chòrdadh i gu mòr ri muinntir an eilein – agus glè thric ri coigrich cuideachd.

Ro Fhèill an t-Samhraidh rachadh aon no dhà de na daoine a bha a' riaghladh san àite chun na sgoile agus bheireadh iadsan seachad na duaisean. 'S e leabhraichean a bu trice a bh' air an toirt seachad. Gus an là an-diugh, ma thèid thu do thaigh no dhà anns an eilean, math dh'fhaodte gum faic thu leabhraichean annta agus sgrìobhte air an duilleig-aghaidh *A' Chiad Duais airson Beurla, 1930 no An Dara Duais airson Cruinn-eòlas, 1934*.

Bha an grunnd agus na cnocan timcheall air an sgoil air an còmhdach gu math tiugh le conasg. Anns an earrach bhiodh mòran faloisg ga dhèanamh aig àm dinnearach 's bhiodh a' chlann a' cluich anns an toit. Bha e air iarraidh orra a bhith daonnan cinnteach gun robh na teineachan uile às mus bualadh an clag aig dà uair. Aon earrach sònraichte thòisich ceithir no còig de na cailean air dèanamh tofaidh ann an seann *tin* a fhuair iad air dùnan na sgoile. Bha h-aon mu seach dhiubh a' toirt siùcar, ìm no bainne don sgoil, agus nuair a stadadh na leasain aig meadhan-latha bhiodh iad a' toirt nan cnocan orra. An toiseach bheireadh iad greiseag a' marcadh a' rì-ghàrradh, 's a' leigeil orra gum b' e na h-uaislean a bh' annta, a' dol cuairt air an eilean. Lasadh iad an sin teine bheag

COLONSAY SCHOOL

The land and the hills around the school were thickly covered with gorse bushes. In the spring time a lot of *faloisg*[8] would be lit at lunchtime and the children would play in the smoke. They always had to make sure that all the fires were out before the bell rang at two o'clock. One particular spring time four or five of the girls got into the habit of making toffee in an old tin can which they had found in the school midden. Each of them would take it in turn to bring sugar or butter or milk to school, and when lessons finished at midday they would make for the hills.

To begin with, they would spend a little while 'marking the boundaries' and pretend they were the gentry, riding round the island. Then they would light a little fire and they would put the ingredients for the toffee into the tin. This wouldn't take long to boil; they would cool it on an old plate that they had found somewhere and then they would eat it. One day the toffee must have been particularly good, because they forgot to extinguish the little fire, and in the blink of an eye the Big Brae was ablaze. What panic and distress there was! They went at it with coats and jackets or anything else that was to hand, but the fire could not be extinguished – and it was nearly time for the bell to go, at two o'clock. Finally, they began to pray: "O Lord, come down from heaven and put this out for us!"

Maybe their prayer was answered, as very shortly after that the boys arrived and it wasn't long before they had the big flames under control, although one or two of the poor girls had grazed fingers and coats that were slightly burnt.

Even now, if one or two of those who were present that day are reminiscing together, the 'boys' will say, "Do you remember the day you prayed … ?"

At Hallowe'en she would hold a party for them. They would go home from school at four o'clock in the afternoon but would all return as night fell, disguised as old women, old men, fairies etc. They would dook for apples in a tub of water or eat mashed potatoes. One Hallowe'en she hung a rope down through a little opening in the classroom ceiling. On this she fixed a cake covered with a dusting of icing-sugar, and then the cake was spun round to try and see who would be smart enough to take a bite out of it. She forgot to take the rope down, and from that day on the boys had great fun playing about on it – until the day they pulled down all the plaster from the ceiling! After that there was a very big hole above them and many things got thrown up there. Very recently, when this room was being renovated, it's said that a collection of very useful objects was found in that hole – books, pens, compasses, rubbers, stones and goodness knows what else.

SGOIL CHOLBHASAIGH

agus chuireadh iad earrainn-mheasgaidh an tofaidh anns an *tin* agus cha bhiodh seo fada a' goil. Bha iad ga fhuarachadh air seann truinnsear a fhuair iad an àiteigin 's an uair sin ga ithe.

'S fheudar gu robh an tofaidh air leth math aon latha, chionn dhìochuimhnich iad an teine bheag a chur às agus, ann am priobadh na sùla, ghabh a' Bhruaich Mhòr teine. 'S ann an sin a bha an èiginn 's an ùpraid! Dhall iad orra le còtaichean is peiteanan no rud sam bith eile a bha dlùth air làmh, ach cha ghabhadh an teine cur às agus bha an t-àm mu bhith ann airson a' chlag aig dà uair. Mu dheireadh rinn iad ùrnaigh: "Ò, Thighearna, thig a-nuas às do nèamh agus cuir às seo dhuinn!" 'S dòcha gun d' fhuair iad freagairt, a chionn ràinig na balaich iad gu math clis an dèidh sin 's cha robh iad fada faotainn làmh-an-uachdar air na lasagan mòra – ach bha aon no dhà de na cailean bochd aig an robh corragan rùisgte agus còtaichean caran loisgte!

Gus an là an-diugh, ma thachras aon no dhà dhiubh air a chèile, bidh iad a' dol thairis air an latha seo 's bidh 'na balaich' ag ràdh, "A bheil cuimhne agaibh air an latha a rinn sibh an ùrnaigh?"

Oidhche Shamhnaidh bhiodh Cèilidh Shamhain aice dhaibh. Rachadh iad dhachaigh às an sgoil aig ceithir uairean feasgar, ach thilleadh iad a-rithist mar a thigeadh an oidhche, a h-uile h-aon dhiubh is atharraich cruth orra – cailleachan, bodaich, sìthein agus mar sin air aghaidh.

Bhiodh iad às dèidh ùbhlan ann an tuban uisge no ag ithe buntàta suaite. O mhullach an t-seòmair far an robh crioman car fosgailte, aon Shamhain chroch ise ròpa eadar na tuill agus air an seo chuir i bonnach còmhdaichte le drabhag siùcair. Bha am bonnach air a chur mun cuairt a dh'fhaicinn cò a bhiodh gleusta gu leòr a dh'fhaotainn sgrog às. Dhìochuimhnich i an ròpa a thoirt a-nuas, 's on latha sin gus an latha a shlaod iad a-nuas an sglàib o mhullach an taighe, fhuair na balaich mòran spòrs a' soganaich air. Bha sin toll glè mhòr os an ceann – 's iomadh rud a chaidh a thilgeadh suas an sin. O chionn glè ghoirid, nuair a bha an seòmar seo ga leagail airson atharrachadh, tha e air a ràdh gun robh am measgachadh a bha san toll seo glè bhuannachdail – leabhraichean, pinn, combaistean, rubairean, clachan 's chan eil fhios dè.

'N àm na Càisge bha i a' toirt cead dhaibh a bhith a' trusadh uighean, seachdain no dithis ron àm. Latha na Càisge bhiodh fèisg bheag eile aca – bhruitheadh

COLONSAY SCHOOL

A week or two before Easter she gave permission for eggs to be collected. On Easter Sunday they would have another little picnic – they would boil the eggs outside and they would make tea and pancakes. The boys would try and see who could eat the most and they wouldn't stop until they were nearly sick. But isn't this how boys usually behave?

She spent a good part of her life amongst the island folk – but all good things must come to an end. One day her brother was seriously injured in a hunting accident and she had to give up her work to return south to care for him. When the islanders heard that she was going to leave them, they collected a large sum of money and made a presentation to her because she was so greatly respected.

On the day she left, almost everyone in the place was at the harbour to see her off and wish her farewell. How sad they were when she arrived in the cart with Una, Fionn, Peggy, Tutankhamen and the cats. When she and her 'family' were all aboard, they stood on the harbour waving to her until the *Dunara* disappeared from sight. Then one of the boys took the cart and a very sorrowful Una home with him.

1. When her back was turned the boys would make up rude words to the songs
2. a griddle-scone and butter for lunchtime
3. the Second World War
4. 'The Dèabhadh', which is the low-lying stretch of road between the two parts of Loch Fada
5. Kiloran Bay
6. This would be brought in by sea on board the m.v. 'Dunara Castle'.
7. These were abundant in Colonsay and formed a staple part of the diet.
8. moor-burning fires

SGOIL CHOLBHASAIGH

iad uighean a-mach agus dhèanadh iad foileagan is tì. Bhiodh na balaich a' feuchainn ach cò a bu mhotha a dh'itheadh, 's cha stadadh iad gus am biodh iad cha mhòr tinn! Ach nach mar seo a bhios balaich am bitheantas?

Chuir i seachad pìos math de beatha am measg nan eileanach ach feumaidh a h-uile rud math tighinn gu crìoch. Chaidh a bràthair a leòn gu dona aon latha nuair a bha e a' sealgaireachd agus b' fheudar dhi a h-obair fhàgail agus a dhol dhachaigh mu dheas ga altram. Nuair a chualas gun robh i a' dol gam fàgail, chruinnich na daoine mòran airgid am measg a chèile agus rinn iad tabhartas dhi, chionn bha meas mòr oirre.

An latha a dh'fhàg i bha, cha mhòr, a h-uile duine san àite air an laimrig ga faicinn air falbh agus a' toirt am beannachdan dhi. 'S e chuir an duilichean orra nuair a ràinig i fhèin anns a' charbad le Ùna, Fionn, Peigi, Tutankhamen agus na cait. Nuair a fhuair i fhèin 's an 'teaghlach' uile air bòrd sheas iad air an laimrig a' crathadh rithe gus an deachaidh an *Dunara* às an t-sealladh, 's thug fear de na balaich a' charbad agus Ùna thùrsach dhachaigh leis.

Callum a' biathadh nan cearcan. An Àird Sginis, mu 1951

4
CAMANACHD ANN AN EILEAN CHOLBHASAIGH

Nuair a leugh mi mu 'Chamanachd ann an Caol Reatha', 's ann a thàinig gu clis nam chuimhne iomain ann an Eilean Cholbhasaigh, nuair a bha mi anns an sgoil bheag ann an Cille Chatain. B' ann de challtainn a bhiodh na camain gan dèanamh an sin cuideachd. Bhiomaid a' dol don choille anns a' gheamhradh agus a' gearradh pìosachan a bhiodh freagarrach; an sin bhiodh na bodaich a' toirt air falbh nam meanglanan neo-fheumail agus a' toirt coltas camain orra. An dèidh sin, bha iad air an seasadh air mullach a' cheann-teine 's air am fàgail an sin gus am fàsadh iad cruaidh le bhith letheach a-suas an similear.

Aig àm na Bliadhn' Ùir' bhiodh na daoine mòra, fir is mnathan, a' dèanamh *shinty match* shìos air a' mhachair agus chòrdadh e ris na sgoilearan a bhith ag amharc air dè cho math 's a bha am pàrantan air an spòrs.

Bha caman aig gach balach is caile a bha anns an sgoil – bhiomaid a' cluich a h-uile latha a bhiodh tioram. Bhiodh dà sgiobair ann agus thaghadh iad sia daoine airson gach taobh. Tha cuimhn' a'm latha nuair a thuirt an dàrna sgiobair ris an fhear eile, "Thoir leat Barbra Cholla, ruithidh i mar an deamhan!"

Co-dhiù, bha dà latha shònraichte ann nuair a thachair tubaistean. Bha dithis de na balaich a' strì gu h-uabhasach ri chèile leis na camain agus chaidh corrag fear dhiubh a ghoirteachadh gu dona – b' fheudar dha dol chun an lighiche. Uill, nuair a chaidh sinne dhachaigh don Ghlas-Àird agus a dh'innis sinn dom mhàthair mar a thachair, thuirt i gum b' e spòrs glè chunnartach a bha anns an iomain agus bha againn ri gealladh a thoirt dhi nach cluicheamaid gu bràth tuilleadh.

Dìreach air an ath latha, chaidh an gealladh sin a bhristeadh 's bha Barbra air a' chlàr iomanachd mar a b' àbhaist! Dè ach gun d' fhuair mise an caman ann an clàr m' aodainn – 's tha an làrach ann gus an là 'n-diugh. Thug a' bhean-theagaisg mi a-staigh, ghlan i an lot 's chuir i brèid mòr geal air mo cheann. An sin dh'iarr i air an tuathanach a bha dlùth air an sgoil mo thoirt dhachaigh. Cha b' e idir am pian a bha nam cheann a bha a' cur dragh ormsa ach gun do bhris mi mo ghealladh agus an sgrios mòr a bha romham.

Chunnaic mo mhàthair bhochd sinn a' tighinn a-nuas an rathad-mòr agus fhuair i de dh'eagal nuair a chunnaic i mise 's brèid mòr air mo cheann. Bha de chùram oirre gun robh mi air mo leòn gu dona gun do dhìochuimhnich i a h-uile rud ach m' fhaighinn dhachaigh agus amharc às mo dhèidh.

4
SHINTY IN COLONSAY

When I read about 'Shinty in Kylerhea' in the Autumn 1992 issue of *Gairm*[1], it reminded me of shinty in Colonsay when I was a pupil at the little school in Kilchattan. The shinty sticks were made of hazel there too. We would go to the woods in the winter time and cut suitable pieces; then, after trimming off the branches which weren't going to be used, the older men would shape them into camans. After that they would be stood up on the ledge[2] halfway up inside the chimney, above the fire, and would be left there to harden.

At New Year the grown-ups – both men and women – would hold a shinty match down on the machair[3] and the schoolchildren enjoyed seeing how well their parents acquitted themselves at the game. Every boy and girl in the school had their own caman and they would play every day the weather was dry. The two team captains would choose six people for each team. I remember one day one of the captains said to the other, "You have Barbra Cholla – she'll run like the devil!"

However, I can also remember two particular days when there were accidents. Two of the boys were tackling fiercely with their camans and one of them got a serious injury to his finger and had to go to the doctor. Well, when we went home to Glassard and told my mother what had happened, she told us that shinty was a very dangerous game and we had to promise her that we would never play it again. That promise was broken the very next day, for there was Barbara back on the shinty field as usual – *and* I got a blow from a caman on my forehead, the scar of which is still there to this day! The teacher took me indoors, cleaned the wound and put a big white bandage on my head. Then she asked a neighbouring farmer to take me home.

I wasn't bothered about my sore head at all – only that I had broken my promise and that I would be in for big trouble. My poor mother saw us coming down the main road and she got a fright when she saw me with the big bandage on my head. She was so concerned that I had been badly injured that she forgot about everything except getting me home safely and looking after me.

A lot of time has passed since then. These days the closest I can get to shinty is sitting in my chair on Saturdays and watching the progress of Kyles Athletic, Oban, Glen Orchy or Newtonmore on television.

1. *Gairm*, Am Foghar 1992
2. i.e., the 'ceann-teine'
3. 'the machair' – the Golf Course

Tha iomadh latha air dol seachad bho an sin. An-diugh chan fhaigh mi nas dlùthaidh air iomain na bhith na mo shuidheadh ann an cathair Disathairne agus a' faicinn dè mar a chaidh do mhuinntir a' Chaoil, an Òbain, Ghleann Urchaidh no Bhail' Ùr an t-Slèibh.

Barbra agus Sidney. Sa Ghlas- Àird, 1945

An Riasg Buidhe – seann chairt-phuist bho thoiseach na ficheadamh linn

5
EILEAN ORASAIGH

Ged is e brìgh mo sgeòil na ceithir bliadhna a chuir mi seachad anns an t-seud bheag chuain seo le Calum Orasaigh 's a bhean 's a theaghlach, bu toigh leam sgrìobhadh mu an eilean an toiseachd.

Tha Orasaigh suidhichte air an taobh an earra-dheas do dh'Eilean Cholbhasaigh – an dithis eadar-dhealaichte le fadhail. Tha e mu dhà mhìle gu leth de dh'fhaid agus dà mhìle de leud. Tha trì cnocan air taobh tuath an eilein – Beinn Orasaigh, Dùn Dòmhnaill agus Troimasgalan – agus chan eil craobhan a' cinntinn ann. Tha an còrr den àite gu math rèidh, le pàircean torrach, cuartaichte le ballachan cloiche air an deagh thogail. Tha tràighean gainmhich shligich an siud 's an seo, le eileanan beaga eile timcheall – Eilean nan Ròn, far a bheil tobhta taighe na seasamh, Eilean nan Eòin agus Eilean Ghaoideamail.

Tha eachdraidh nàdair a' tighinn am follais fad na h-ùine. Tha gu leòr de ròin ghlas mun cuairt nan cladaichean agus bha trì cheud agus còig cuilean-ròin air an cunntas air Eilean nan Ròn ann an 1981. Tha blàthan de dh'iomadh seòrsa a' cinntinn, agus tha eòin-mhara gu leòr. Bhon a tha an tarraig traon, an t-eun beag fuaimneach annasach sin, ann – 's a tha na chudrom nàiseanta a-nis air – tha an RSPB air an t-eilean a mhàl-oighreachd airson an sùil a chumail air.

Bhuineadh Orasaigh aig aon àm do Cholla Ciotach, athair Alasdair MhicDhòmhnaill, a rinn na h-uiread airson Mhontròis. Ann an 1663, ghabh Diùc Earra-Ghàidheal thairis an t-eilean, ann an 1701 reic esan e ri Clann MhicNèill; chùm iadsan e airson dà cheud bliadhna agus ann an 1905 reic iad e ris a' Mhormhair Strathcona. Chùm teaghlach Strathcona an t-àite a' dol gu 1970, nuair a reiceadh e ri Adam Bergius. Ann an 1984 cheannaich Iain Colburn, fear-mhillean Ameireaganach, e. Chaochail Iain bliadhna no dhà air ais, ach tha a' bhean-uasal aige na h-uachdaran air a-nis. Bhon a bha iadsan cho beairteach, rinn iad atharraichean feumail 's cha do mhill iad coltas an àite. Tha e air a ràdh gun robh Orasaigh aig Clann Mhic-a-phì gus an do ghabh Colla Ciotach thairis e.

Chan eil teagamh sam bith nach i mhanachainn Augustinianach a tha suidhichte ann am meadhan an eilein, agus a chaidh a thogail anns a' cheathramh linn deug, a tha a' tarraing a leithid de luchd-turais ann gach bliadhna. Is e luchd Alba Aosmhor a tha ag amharc às dèidh nan togalaichean is tha na bheil air fhàgail dhiubh glè ghasta fhathast. Tha an altair-chloiche agus na cill-mhanach nan seasamh gu stòlda, ach chan eil ach ballachan na h-eaglaise ann a-nis.

5
THE ISLAND OF ORONSAY

Although the main subject of my story is the four years I spent on this little gem of the sea, with Calum Oronsay and his wife and family, I would like to write about the island first.

Oronsay lies at the southern end of Colonsay and is separated from it by a strand. It is about two and a half miles long and two miles wide. There are three hills on the north side of the island – Ben Oronsay, Dun Donald and Troimasgalan – and there are very few trees. The rest of the land is very flat, with fertile fields enclosed by well-built drystone walls. There are beaches of shell-sand in some places, and there are other little islands round about – Eilean nan Ròn, where there is a ruined house, Eilean nan Eòin and Eilean Ghaoideamail. One is constantly aware of the natural environment. There are many grey seals on the beaches and 305 seal pups were counted on Eilean nan Ròn in 1981. Many kinds of wild flowers grow there and there are numerous seabirds. It is also the habitat of that strange, noisy little bird, the corncrake, and so it is now designated as an area of national importance which the RSPB rent, for conservation purposes.

At one time Oronsay belonged to Collkitto, the father of Alasdair MacDonald, who was a staunch supporter of Montrose. In 1663 the Duke of Argyll took over the island. In 1701 he sold it to the MacNeills and they kept it for two hundred years till 1905, when they sold it to Lord Strathcona. It stayed with the Strathcona family until 1970, when it was sold to Adam Bergius. In 1984 it was bought by Ian Colburn, an American millionaire who died a year or two ago, but his wife is now the owner. Ian and his wife used their wealth to make many sympathetic repairs and improvements.

It is said that Oronsay belonged to the Clan MacPhee before Collkitto took it over. However, there is no doubt at all that the priory which lies in the middle of the island is Augustinian and dates from the 14th century. It attracts many tourists every year. Historic Scotland looks after the buildings and those that still remain are in fine condition. The stone altar and the cloisters are still standing securely but only the walls of the church are left. Particularly fine examples of stone-carving can be seen in the Prior's house, which has been re-roofed. A stone-carving school was once in operation on the island, run by Mael Seachlainn Ó Cuinn, a talented stone-mason from Iona who came to Oronsay and stayed there for fifty years. There are a lot of headstones in the house with fine carvings decorated with a variety of Celtic designs. There is a famous cross on the north side of the priory grounds which was built before the 17th century by this talented

EILEAN ORASAIGH

'S ann ann an taigh an Àrd-Mhanaich, air a bheil mullach ùr, a chithear obair-shnaidhte shònraichte. Bha sgoil anns an eilean an seo, air a ruith le Mael Seachlainn Ó Cuinn – clachair comasach a ràinig Orasaigh às Eilean Ì, far nach robh rudan a' dol cho math san àm. Dh'fhan Mael ann airson leth-cheud bliadhna. Tha tòrr de chlachan-cinn anns an taigh le dealbhan sònraichte air an sgeadachadh le dreachan Ceilteach de gach seòrsa.

Tha crois ainmeil, a chaidh a thogail ron t-seachdamh linn deug, ann an grunnd na manachainn aig an taobh tuath, air a togail leis an fhear chomasach a thàinig às Ì. Tha i dusan troigh a dh'àrdais, ochd òirlich dheug aig a bonn agus air a dèanadh le aon leac de *schist*, còig òirlich de thiughad. Tha i còmhdaichte le gràbhaladh sònraichte le dealbh de Chrìosd air aon taobh. Tha i na cuimhneachan air an Àrd-Mhanach, Cailean MacDuibhShìth (Mac-a-phì). Tha crois bheag eile suidhichte aig an taobh deas agus saoilidh mi gum b' e tè mhòr a chaidh a bhristeadh a tha innte seo. Tha dealbh de phears-eaglais ag ùrnaigh air a gràbhaladh innte.

Bhon a bha Orasaigh na eilean naomhach, bhiodh na cuirp aig daoine glè ainmeil air an cur bho cheàrnaichean fad' às airson an tiodhlacadh. Thigeadh iad tro Eilean Dhiùraigh, far an cùmte iad ann an corpaich air taobh an iar an eilein, gus am biodh an t-sìde freagarrach airson an aiseig. Chaidh Dòmhnall, Rìgh nan Eileanan agus gineadair Chloinn Dòmhnaill, a pheanasachadh leis a' Phàpa airson gun do thog e dùn air a' chnoc ris an abrar Dùn Dòmhnaill – mar sin a' milleadh naomhachd an eilein. Tha air a ràdh gun deach e don Ròimh; thionndaidh e na mhanach; thill e an sin do Phàislig, far an do dh'fhuirich e gus an do chaochail e. Letheach a-null an Fhadhail bho Cholbhasaigh tha clachan sìnte anns a' ghainmhich ann an cumadh croise. Is i seo Crois an Tèarmainn – aon uair 's gun d' fhuair na fògarraich air taobh Orasaigh den chrois, bha an latha leotha. Gus an là an-diugh, saoilidh duine gu bheil sìth a' tuiteam nuair a ruigeas e an taobh thall.

Nis, sgeul nan Orasach a b' aithne dhòmhsa. Chaidh mi a thoirt cuideachadh do bhean an tuathanaich nuair a dh'fhàg mi an sgoil aig ceithir bliadhn' deug agus dh'fhuirich mi trì bliadhna gu leth ann. B' e Calum an tuathanach, a bhean Ina, agus bha trì de theaghlach aca – Neillie, Flòraidh agus Dòmhnall. Dh'fheumadh iadsan dol do Cholbhasaigh airson sgoil, fuireach thall, agus thigeadh iad dhachaigh aig an deireadh-sheachdain. B' ann an Orasaigh fhèin a chaidh Calum, a bhràithrean 's a pheathraichean ionnsachadh, agus tha e inntinneach gun teagamh cho math is a bha iad uile air sgrìobhadh, leughadh agus cunntas.

THE ISLAND OF ORONSAY

stonemason from Iona. It stands twelve feet high, is eighteen inches wide at the base and is made from a single slab of schist five inches thick. It is covered with very fine carvings, with a picture of Christ on one side, and is a memorial to Prior Colin MacDuffie. There is another little cross situated on the south side which I believe has been made from a larger one that has been broken, and this has an image of a religious figure at prayer carved on it.

Because Oronsay was a holy island, the bodies of very important people were brought there for burial from far-away places. The route was across Jura, where the remains would be kept in a *corpach*[1] until the weather was suitable for ferrying them over. Donald, Lord of the Isles and the first chief of Clan Donald, was punished by the Pope because he built a fort on the hill called Dun Donald – thus destroying the sanctity of the island. It is believed that he went to Rome and became a monk, then returned to Paisley, where he remained until he died. Halfway across the Strand from Colonsay, there are stones forming the shape of a cross lying flat on the sand. This is the Sanctuary Cross – if a fugitive got to the Oronsay side of the cross, then they were safe[2]. To this day people experience a sense of peace when they reach the far side.

Now, the story of the Oronsay folk that I knew. When I left school aged fourteen, I went to help the farmer's wife and I stayed there for three and a half years. The farmer was called Calum, his wife was Ina and they had three of a family – Neillie, Flora and Donald. They had to go to school in Colonsay and they stayed there all week, only returning home at weekends. Calum, his brothers and sister had all been educated on Oronsay itself, and it is interesting to note just how good they all were at reading, writing and arithmetic.

It was a fertile farm employing farm labourers, shepherds and cowherds. They had Highland cattle, dairy cattle, sheep and hens. About fifty stirks would be sent to Oban market on the *Princess Louise* once a year – and lambs as well. There was morning and evening milking and the milk would be used for making butter and cream. Churning was done once a week in a big wooden churn, and sometimes eggs would be sent to be sold in the shop in Colonsay. Sheep's wool would be sent away to be made into cloth which Ina would get made into fine clothes.

Many rabbits were caught in winter time and were then sent to Glasgow to be sold. It made things very difficult when the boat didn't arrive because of bad

EILEAN ORASAIGH

B' e baile torrach a bh' ann, a' toirt obair do bhuachaillean, aodhairean 's cìobairean. Bha crodh Gàidhealach aca, crodh bainne, caoraich 's cearcan. Bhiodh mu leth-cheud gamhainn gan cur air a' *Phrincess Louise* chun mhargaidh an Òbain uair sa bhliadhna, na h-uain mar an ceudna. Bha bleoghan air a dhèanamh moch is anmoch, am bainne air a chur a-sìos airson ìm is uachdar. Rinneadh maistearadh uair san t-seachdain ann an cùrn mòr fiodh agus uighean air an cur do bhùth Cholbhasaigh airson an reic. Bhiodh iad a' cur air falbh clòimh chaorach airson clò a dhèanamh; bhiodh aodach glè bhrèagha aig Ina air a dhèanamh leis.

Anns a' gheamhradh bha tòrr de choineanan air an glacadh 's an cur air falbh do Ghlaschu airson airgead a dhèanamh. Bha e glè shearbh nuair nach tigeadh am bàta (air taobh droch shìd') – ghrodadh na coineanan, ach bha na closaichean lobhte glè mhath airson leasachadh! Bha an Fhadhail an-còmhnaidh na cùram nuair a dh'fheumar dol thairis do Cholbhasaigh. Bha Neillie, am balach a bu shine, rud beag ceòthail corra uair, agus aon latha chaidh na clèibh a lìonadh leis na coineanan agus an t-each 's a' chairt a chur air dòigh. Bha cabhag mhòr air Neillie an earalas gun cailleadh e am bàta. Ghreas e air thar na Fadhlach 's a-sìos chun na laimrig. Leum e a-mach, dh'fhosgail e cùl na cairt 's cha robh clèibh rim faicinn! "Ò, nach fiadhaich an gnothach seo!" thuirt e. "Cha tug mi leam na coineanan idir!"

Bha gàrradh mòr lusan aca le càl, currain, snèap, parslaidh, *leeks* 's na h-uile seòrsa. Bha seo gu math ùiseil airson na còcaireachd. Mar bu trice anns na h-eileanan, dh'fheumadh fuineadh a h-uile latha – sgonaichean mòr grideil, foileagan, arancoirce agus, air uairean, bonnaich mhilis anns an àmhainn. Bhon a bha iad cho fada bhon bhùth, b' e 'biadh nàdarra' a bu trice bhiodh ann. Coineanan gu leòr (ach bha seo mun tàinig a' *mhyxomatosis*!), uighean, ìm ùr no saillte, lachaich mhòr, tunnagan beag bhon chladach, sgairbh, gabhar, caora, iasg de gach seòrsa agus gu leòr de *rhubarb*! Mharbhadh iad damh an-dràsta 's a-rithist. Bhiodh Calum a' toirt pàirt den fheòil do Cholbhasaigh agus gheibheadh iad *roast beef* air leth math airson dhà no trì sgillinn. B' e annas a bh' ann an aran *loaf* 's am bìdeag feòil *mince*, ged gun teagamh bhiodh muc aca fhèin, 's nuair a mharbhadh i b' e annlan math a bha seo cuideachd. Nuair a bhiodh a' ghealach na h-àirdisd 's reothart ann, rachadh na fir a dh'iarraidh muirsgian. Chan fhaodadh na mnathan dol leotha – bhiodh iad ag ràdh gum biodh tuilleadh 's a' chòrr de bhruidhinn 's de ghleadhraich aca 's gun cuireadh iad eagal air an iasg!

THE ISLAND OF ORONSAY

weather, as the rabbits would go rotten – but the rotten carcasses made excellent manure!

The Strand was always a concern[3] whenever it was necessary to cross over to Colonsay. Neillie, the oldest boy, could sometimes be a bit dreamy. One day he filled baskets with the rabbits and got the horse and cart ready. He was in a great rush in case he missed the boat and so he hurried across the Strand and down to the harbour. He jumped out, opened the back of the cart and there wasn't a basket to be seen!

"How awful!" he said. "I haven't brought any rabbits at all!"

They had a large vegetable garden with cabbages, carrots, turnips, parsley, leeks and all kinds of other things which were very useful for cooking. As was usual in the islands, baking had to be done daily – large griddle-scones, pancakes, oatcakes and sometimes sweet cakes baked in the oven. They relied on natural, organically produced food because they were so far from the shop: lots of rabbit (this was before the days of myxomatosis!), eggs, fresh or salted butter, eider ducks, ducklings, cormorants, goats, sheep, fish of all kinds and lots of rhubarb!

Occasionally a cow would be slaughtered and Calum would send some of the meat to Colonsay, where the islanders would get excellent roast beef for two or three pence. It was a novelty to get a shop-bought loaf or a little bit of mince, though they did keep a pig, and when this was slaughtered it would also provide good meals. When there was a full moon and a spring tide, the men would go to gather razor-clams. The women were not allowed to go with them – because the men thought that they chattered and made too much noise and would frighten the shellfish!

Calum had a brother who had a farm called Baleromin Mor, just to the south of the Strand. He was exceptionally good at baking, and when he came to Oronsay he would check the scones to see if they were light enough. He would say in Gaelic that the sponge-cake he made himself was *extremely* spongey! Once he was over on a visit and there was roast goat for the evening meal. On this occasion he said, "This meat takes some chewing – but, by God, it's good!"

Flora and I used to take the dogs, Nap, Bran and Topper, for walks along the seashore, where they enjoyed playing in the water. All the young people went

EILEAN ORASAIGH

Bha bràthair aig Calum aig an robh baile – Baileromin Mòr – dìreach mu dheas den Fhadhail. Bha e uabhasach math air fuineadh agus nuair a thigeadh e do dh'Orasaigh bhiodh e a' feuchainn nan sgonaichean, dh'fheuch an robh iad aotrom. Bhiodh e ag innse gun do rinn e fhèin *sponge*, 's gun robh i cho '*spongey*'! Aon uair bha e thall agus b' e gabhar ròiste a bha airson an tràth-fheasgair. An uair sin b' e thubhairt e, "Tha cagnadh san fheòil, ach, a Dhia, tha i math!"

Bhiodh Flòraidh agus mise a' toirt nan con, Nap, Bran agus Topper, airson sràidean ri taobh nan tràighean. Chòrdadh seo riutha – bhiodh iad a' cluich anns a' mhuir. Rachadh an òigridh uile anns a' mhuir airson failceadh, air uairean trì uairean san latha anns an t-samhradh. Bha i daonnan glè bhlàth anns an oidhche, nam biodh an làn a-staigh an dèidh teas na grèine air a' ghainmhich fad an latha. Bu toigh leoth' a bhith a' dol a-null do Cholbhasaigh, nuair a bhiodh an tràigh freagarrach, airson dannsaichean no *parties*. 'S iomadh uair aig dhà no thrì uairean sa mhadainn, 's an làn a' tighinn a-steach gu math clis 's a' chlach-mheallain a' dalladh orra, gum feumadh an t-each a bhiodh gan slaodadh, cha mhòr a' snàmh. Air ruigsinn dhachaigh, cha bhiodh ach an t-aodach-obrach a chur orra 's tòiseachd air a' bhleoghan.

B' ann anns an taigh mhòr (Oronsay House) a bha teaghlach Chaluim a' fuireach, 's na fir-obair an aon de na taighean beaga. Bho nach robh tuathanas a' pàigheadh uabhasach math ron chogadh mu dheireadh, bha an taigh air a leigeil ri uaislean Sasannach airson mìosan an t-samhraidh. Rachadh Calum 's an teaghlach a dh'imrich do thaigh beag. Bha teaghlach-uasal Sasannach a' dol ann a h-uile bliadhna. Bheireadh iad cuireadh do Ina 's do Chalum a ghabhail dinnear-oidhche leotha. Aon fheasgar bha an còmhradh glè chudromach, 's aig àm a' chofaidh bha Calum trang a' taomadh *salad cream* ann! Thuirt an t-Iarla ris, "Tha mi 'n dòchas gu bheil fhios agad gu bheil thu a' cur *salad cream* nad chofaidh!"

"Oh, yes, my Lord," thuirt Calum, "I *always* put salad cream in it!" Tha e air innse gun deach an naidheachd seo tro iomadh taigh mòr ann an Lunnainn.

Nuair a bhiodh lomairt, *no dipping*, no togail buntàta a' tachairt, thigeadh gràinnean dhaoine à Colbhasaigh a thoirt cuideachadh. Bha seo glè thoil-inntinneach, 's bhiodh gu leòr spòrs aig an òigridh anns na feasgair.

THE ISLAND OF ORONSAY

bathing in the sea – sometimes three times a day in the summer. The water was always very warm at night, especially if the tide was in and the heat of the sun had been on the sand all day. When the state of the tide was suitable, the young people liked to go over to Colonsay for dances or parties. Often they would return at two or three o'clock in the morning with the tide coming in very fast and sometimes hailstones pelting down, and they would need to lead the horses, who would be almost swimming. By the time they got home there was nothing for it but to put on their working clothes and start the milking.

Calum's family lived in the big house and the farm workers lived in one of the cottages. Because farming was not so profitable before the last war, the big house was let out to English aristocracy during the summer months, and Calum and his family would move out to one of the cottages. One aristocratic English family went there every year and sometimes they would invite Calum and Ina to have dinner with them. One evening, the conversation was very engrossing, and when coffee was served Calum absent-mindedly poured salad cream into his cup. His aristocratic host said to him, "I hope you realise that you're putting salad cream into your coffee!"

"Oh, yes, my Lord," said Calum, "I *always* put salad cream in it!" It's said that this story was repeated in many a grand house in London.

When there was sheep-shearing, sheep-dipping or potato-picking, a lot of people would come over from Colonsay to help. This was always enjoyable and the young folk would have great fun in the evenings.

Down beside the shore opposite Islay there is a lovely little house – Seal Cottage. This little house attracted artists or people who were seeking peace. The famous artist Cameron Wilson stayed there and he would go up to Ina for his meals – and Nap the dog stayed with him to keep him company. One year a young man from Helensburgh arrived on the island. His name was Andrew, he was aged about fourteen and he already knew the Oronsay people. He liked the people and the place so much that he stayed there until the beginning of the last war, when he was called up for military service. He loved the bagpipes and every chance he got he would play pipes belonging to Dòmhnall an Tàilleir (he was one of the farm-hands), and I remember that he loved to play *Lord Lovat's Lament*. Andrew became a well-known piper throughout the country and he is now a judge at competitions far and wide.

EILEAN ORASAIGH

Shìos ri taobh a' chladaich a tha mu choinneamh an Eilein Ìlich, tha bothan beag laghach (Seal Cottage). Bha an taigh beag seo taitneach airson dhealbhadairean no daoine a bha ag iarraidh sìth. Bha an dealbhadair ainmeil Cameron Wilson ann, 's bhiodh e a' dol suas chun Ina airson a bhiadh agus bha Nap (an cù) a' fuireach leis, a chumail cuideachd ris.

Aon bhliadhna ràinig gille òg à Bail' Eilidh an t-eilean. Bhiodh e mu cheithir bliadhna deug agus bha eòlas aige air na h-Orasaich. B' e Ainndreis an t-ainm a bh' air. Chòrd na daoine 's an t-àite ris cho math 's gun do dh'fhuirich e ann gus àm a' chogaidh mu dheireadh, nuair a b' fheudar dha falbh a shaighdearachd. Bha e gu math dèidheil air a' phìob-mhòir, 's a h-uile cothrom a bhiodh aige, chluicheadh e pìob Dhòmhnaill an Tàilleir (fear den luchd-obair) – tha cuimhn' a'm gum bu toigh leis a bhith a' cluich Lord Lovat's Lament. Dh'fhàs Ainndreis na phìobaire ainmeil air feadh na dùthcha agus tha e a-nis na phrìmheara far am bi na farpaisean an siud 's an seo.

An dèidh a' chogaidh, phòs e Flòraidh. Nuair a chaochail pàrantan Flòraidh, chaidh Neillie do dh'Ìle, ghabh Ainndreis is Flòraidh thairis an tuathanas, 's chuir iad seachad iomadh bliadhna shona ann an Orasaigh. B' e caoraich a bh' aig Ainndreis agus rinn e gu math leotha. Cha robh aca ach aon no dhà de chrodh-bainne. Leig iad dhiubh an dreuchd agus tha iad a-nis a' fuireach anns a' Ghlas-Àird, ann an Colbhasaigh. Gu duilich, chaochail an dà bhràthair aig Flòraidh – agus dà charaid dhòmhsa. B' e Neillie a bha na fhleasgach aig mo bhanais.

Sin mo sgeul-sa mun àite far an robh, mar a thuirt am bàrd, "beannachadh Dhè agus sìth ann."

THE ISLAND OF ORONSAY

After the war he and Flora got married. When Flora's parents died, Neillie moved to Islay; Andrew and Flora took over the farm and spent many happy years in Oronsay.

Andrew was a successful sheep-farmer and only kept a few dairy cattle. Finally they retired and they now live in Glassard in Colonsay.

Sadly, Flora's two brothers have died. They were good friends of mine and Neillie was best man at my wedding.

Thus ends my story, about the place where, as the bard said,

> "[Bha] beannachadh Dhè agus sìth ann"[4]
> (God's blessing and peace was there).

1. an area or building for storing dead bodies
2. i.e. under the protection of the Priory
3. because of the state of the tide
4. second line of the song 'Mo Ghleannan Taobh Loch Lìobhan' (My Little Glen by Loch Leven)

6
AM MEASG NAN CNOCAN DUBHA

Air an t-samhradh mu dheireadh, chuir mi seachad gràinnean sheachdainean anns na Cnocan Dubha, taobh Loch Tuilich agus dlùth air Druim Liaghart, far an do rugadh am bàrd ainmeil Donnchadh Bàn Mac an t-Saoir. Choisich caraid agus mi fhèin gu far nach eil a-nis ach tobhtachan a thaigh-còmhnaidh agus a bhà-thaigh. A rèir coltais, bha baile beag an siud aig aon àm, oir tha barrachd is aon tobhta ann, 's nach bu shona do na daoine a bha air an togail an siud, am measg na sìthealachd a bha mun cuairt. Soirbh fhaicinn mar a bha Donnchadh air a bheothachadh airson nan òran a dh'fhàg e againn, agus bhon a chithear Beinn Dòbhrain bhon àite seo, thig facail an òrain 'Cead Deireannach nam Beann' gu clis air ais ri neach:

> B' e siud an sealladh èibhinn,
> Bhith 'g imeachd air na slèibhtean
> Nuair bhiodh a' ghrian ag èirigh
> 'S nuair bhiodh na fèidh a' langanaich.

Tha e doirbh a thuigsinn carson nach eil tuillidh fiosrachaidh air a thoirt seachad mu dheidhinn an àite far an do rugadh an duine comasach seo. Tha e glè shoirbh a ruigheachd – mu dheich mionaidean bho Thaigh-òsta Inbhir Òrain, air an taobh chlì. Tha fhathast rathad gu math socaireach a' dol suas chun an droma; gabhaidh càr a thoirt ann – ma tha e làidir! Saoilidh mi gur e seo càrn-cuimhne mòran as freagarraiche air a' bhàrd na an togalach oillteil a chithear aig Dail Mhàilidh.

Chitheamaid fhèin na fèidh gu math tric a-nuas dlùth oirnn. 'S doirbh gu dearbh a thuigsinn carson a bhios iad air an sealg – beothaichean le rìoghalachd is grinneachd os cionn chàich – ach feumaidh a leithid tachairt airson an cunntas a chumail a-sìos, 's mura tèid am marbhadh, bàsaichidh mòran dhiubh co-dhiù nuair a thig fuachd is gailleann a' gheamhraidh.

Mar a tha fhios againn, bha an samhradh a chaidh seachad sònraichte, le teas grèine nach tric a thig an rathad againn ann an Albainn. Anns an àite seo, a tha a' faotainn barrachd uisge na grian mar as trice, bha e toil-inntinneach gun teagamh a bhith ag amharc air na beanntan – Beinn Ach Chaladair, Beinn Odhar, Beinn Dòbhrain agus Beinn an Dothaidh, agus a bhith a' faicinn na seann Choille Albannaich (*Caledonian Forest*) dà uair – oir bha an loch cho soilleir 's gun robh gach nì sònraichte a bh' ann air a sgàthanachadh air ais.

6
AROUND THE BLACK MOUNT

Last summer I spent a few weeks in the area surrounding the Black Mount[1], beside Loch Tulla and close to Druim Liaghart, where the famous poet Duncan Ban Macintyre was born. A friend and I walked to the place where there are now only ruins of his dwelling-house and his byre. It seems that there was a little village there at one time, as there is more than one ruin. How happy the inhabitants must have been, to be brought up in such peaceful surroundings. It's easy to see how Duncan was inspired to compose the songs that he has left to us, and because Ben Dorain can be seen from this place, the words of the song 'Cead Deireannach nam Beann' spring readily to mind:

> B' e siud an sealladh èibhinn,
> Bhith 'g imeachd air na slèibhtean
> Nuair bhiodh a' ghrian ag èirigh
> 'S nuair bhiodh na fèidh a' langanaich.

> *'That was a fine sight*
> *When travelling in the hills*
> *When the sun was rising*
> *And the deer were bellowing.'*

It's hard to understand why there is not more publicity about the birthplace of this gifted man. It's easily accessible, about ten minutes from Inveroran Hotel on the left hand side. There is still a level road going up to the brow of the hill, and a car could be driven up – as long as it's a sturdy one! I think that this memorial is far more appropriate than the horrible construction at Dalmally[2].

I was staying at a big house beside Loch Tulla where we would frequently see the deer right down close to us. It's hard to understand why these creatures of consummate majesty and elegance are hunted – but it needs to happen to keep their numbers down. If they weren't killed, many would die anyway when the cold and storms of winter arrive.

As we know, this past summer has been a particularly good one, with unusually high temperatures for Scotland. In this area – which usually has more rain than sun – it's been a real treat to see the mountains, Ben Achaladair, Ben Odhar, Ben Dorain and Ben an Dothaidh. It has also been a novelty to be able to see the ancient Caledonian Forest *twice* – because the loch has been so clear that everything round about has been reflected in it. I was delighted to see in a field close to Bridge of

AM MEASG NAN CNOCAN DUBHA

Thug e taitneas dhomh nuair a chunnaic mi, ann am pàirc dlùth air Drochaid Urchaidh, gu bheil oidhirp mhòr ga dèanamh airson an t-seann choille a shaorsainn, le craobhan òga a' cinntinn a chaidh a thogail bho na cònaichean aig na prìomh chraobhan.

Bha am fraoch air deireadh, agus cha robh e idir cho brèagha 's a chunnaic mi mu thràth, ach rinn na flùran àlainn suas air a shon – a' deàrrsadh mar sheudan beag anns a' ghrèin.

Tric chithinn coisichean a' dol air a' West Highland Way chun a' Ghearastain, oir bha pìos dhe seo a' dol tron oighreachd san robh mi a' fuireach, lem brògan trom agus màileidean – math dh'fhaodte na bu truime air an dromannan anns an teas a bh' ann! Bhiodh iad gu math sgìth mun ruigeadh iad. Aon latha bha boireannach òg ann agus leanabh beag aice ga ghiùlain air a druim.

Tha e air innseadh gun robh taobh-sgoiltean feumalach anns na gleanntan seo aig aon àm. Tha fhathast aon ann an Gleann Èite le dìreach dà sgoilear – caile agus gille. Tha iad anabarrach snog. Tha an gille a' dol do Àrd Sgoil a' Ghearastain am-bliadhna.

Bha aon de na sgoiltean seo aig Clais nan Gobhar (Clashgower). Tha i na seasadh an siud gus an là an-diugh. Chan eil innte ach togalach glè bheag le mullach iarainn, coltach ri *shed* beag ach, cho dlùth ris na *Twenties*, bha aon deug de chloinn agus fear-teagaisg a' dèanamh feum innte. A chois ri Taigh-òsta Inbhir Òrain tha taigh beag eile a bha na thaobh-sgoil aig aon àm. Bha e air innseadh dhomh gum b' e maighstir-sgoile Dhrochaid Urchaidh a bha na cheannard air na feadhainn bheag seo a bha cho goireasach airson muinntir nan àiteachan uaigneach mun do thòisich carbadan-sgoile 's an leithid.

Bha aon latha sònraichte agam, lem theaghlach. Thàinig iad à Glaschu gam fhaicinn, choinnich sinn aig an loch is ghabh sinn *picnic*. An dèidh sin, chaidh sinn do Ghleann Èite. Chòrd seo gu mòr ris na gillean beag, oir bha teas na grèine cho làidir 's gum b' fheudar dhaibh an aodach uile a thoirt dhiubh, 's chluich iad fhèin agus sinne gu toilichte ann an Allt a' Chaorainn. Mar a thachair aig Druim Liaghart, bha ar n-inntinnean air am brosnachadh 's bha sinn a' smaointinn air ais air Deirdre chòir – air an cluinn sinn iomradh anns an òran 'Beannachd Dheirdre do Alba' aig Marsaili NicUalraig Fhriseil, gu sònraichte na facail 'Ò, Gleann Èite, Ò, Gleann Èite … "

AROUND THE BLACK MOUNT

Orchy that a major effort is being made to save the ancient forest, with saplings growing from seeds that have come from the cones of the original trees. Although the heather bloom was past, and it was not as beautiful as I had previously seen it, the lovely wild flowers made up for that – shining like little gems in the sun.

I would often see walkers heading for Fort William on the West Highland Way, as a section of it went through the estate where I was staying. They would have heavy walking shoes and rucksacks, perhaps made even heavier by the heat of the sun! They would be very tired by the time they reached their destination. One day I even saw a young woman carrying a baby on her back.

It's said that at one time 'side-schools' were a necessary feature of these glens. There is still one in Glen Etive with just two pupils – a delightful girl and boy. The boy is going to high school in Fort William this year. There was one of these schools at Clashgower which is still standing. It is just a very small building with a corrugated iron roof, like a little shed, but as recently as the 1920s it was used by eleven children and a schoolmaster. There is another little house beside Inveroran Hotel that was a 'side-school' at one time. I was told that the Bridge of Orchy headmaster was in overall charge of these little schools, which were so important to the inhabitants of remote places before there were such things as school transport.

I spent one very special day in the area along with my family, who had come from Glasgow to see me. We met at the loch side, had a picnic and after that went to Glen Etive. The little boys enjoyed this greatly because it was so hot that they had to take off all their clothes and then had great fun playing in Allt a' Chaorainn! We found this place just as inspirational as Druim Liaghart, as we remembered Deirdre, who is mentioned in the song 'Deirdre's Farewell to Scotland' (by Marjorie Kennedy-Fraser) – especially the words 'Oh, Glen Etive, Oh, Glen Etive ... '

But oh, dear, the dreaded midges put a stop to our fun and we had to make a sharp exit! The rain was torrential on Buachaille Etive Mòr as we headed to King's House for a cup of tea.

The weeks that I spent in this quiet, peaceful place were like balm to the soul in a hectic world.

1. at Black Mount Lodge
2. the 44ft granite monument on the old military road from Inveraray to Dalmally erected in 1859

AM MEASG NAN CNOCAN DUBHA

Ach, mo chreach, chuir na meanbh-chuileagan mosach crìoch air an spòrs a bh' againn 's b' fheudar dhuinn teicheadh. Bha an t uisge a' tuiteam gu trom air Buachaille Èite Mòr nuair a rinn sinn air Taigh-òsta an Rìgh airson cupan tì.

Bha na seachdainean a chuir mi seachad anns an àite shìtheil shàmhach seo mar acfhainn-leighis do dh'anam ann an saoghal a tha a' dol air aghaidh mothas cabhagach.

Taigh Àird Sginis, mu 1950

Àireamh 3 sa Ghlas-Àird, 2001

7
SEALLADH BHOM UINNEIG

Ged nach toigh leam fuachd is gailleann a' gheamhraidh, tha adhbhar toileachais ann cuideachd. Nuair a thuiteas na duilleagan thar nan craobhan chì mi barrachd. Glè thric, ge-tà, air latha stoirmeil tha Creagan nan Gamhna air an còmhdachadh le cobhar 's cha tig bàta gu laimrig. Tha an taigh a' crathadh 's na h-uinneagan a' dol mar gun tuiteadh iad mum chluasan. Ach an dèidh sin tha nas motha ri fhaicinn gun teagamh, suidhichte mar a tha mi an seo air mullach cnuic os cionn a' bhaile.

Tha bòidhchead ann an craobh gun dhuilleig – nì na meanglanan rùisgte fhèin dealbhan sònraichte, 's nuair a thig an sneachd 's mi ag amharc a-sìos air a' bhaile bhom uinneig, bheir an sealladh cairt bhrèagha Nollaige nam chuimhne. Feumaidh an sneachd a bhith gu math tiugh ann an àiteachan eile nuair a laigheas e an seo, 's sinn cho dlùth air an fhairge.

Tha ceithir eaglaisean rim faicinn: an Eaglais Àrd, Eaglais an Naoimh Cuthbert, Eaglais an Naoimh Eòin agus an Eaglais Easbaigeach. Chì mi caisteal cuideachd, air am bi bratach ag itealaich air làithean sònraichte. Tha similear mòr àrd air taobh thall Chluaidh airson dreachd cumhachd, agus 's e sealladh taitneach a tha seo nuair a thig na solais mhòra air anns an dorchadas. Bho chionn ghoirid thàinig togalach ùr gu sealladh; chan eil e a' còrdadh ris a' mhòr-chuid, ged a tha e inntinneach gu leòr. Tha coltas gu math Eòrpach air, 's bhon a tha sinn a-nis uile anns an EEC, math dh'fhaodte gu bheil e glè fhreagarrach!

Ann a' mhìosa Mhàigh, chithear na cnocan uile còmhdaichte le conasg, ach mun do dh'fhàs na craobhan bideanach suas – mar a tha iad air feadh na dùthcha gu lèir – bha mòran a bharrachd den chonasg bhòidheach bhuidhe ri fhaicinn. Tha cuid mhath de na h-eòin a b' àbhaist a bhith ann air teicheadh, mar a tha na flùran cuideachd.

Fada thall, air fàire, chì mi a' Chumradh Mhòr is an tè bheag gu math soilleir, 's air uairean Creag Ealasaid. Tha 'Màiri Lurach Earra-Ghàidheal' – a bha cho ainmeil aig ar bàrd nàiseanta – na seasadh gu stòlda os cionn na laimrig, a' cur fàilte air luchd-turais.

Ach 's e an sealladh as fheàrr leam gu lèir cruinneachadh nan druideagan a' dol timcheall anns an speur air ais 's air aghaidh, gus, ann an ciaradh an fheasgair, nach fhaicear ach sgòth ceòthach de dhruideagan a' dèanadh air sparran fon laimrig airson oidhche chadail.

7
A VIEW FROM MY WINDOW

Although I don't like the cold and storms, winter time is still a source of pleasure to me because, when the leaves fall from the trees, I can see a lot more. Very often on a stormy day, when the Gantocks are covered with sea spray and the boat cannot get in to the pier, the house shakes and the windows rattle as though they are going to fall about my ears. But after that has passed there is definitely more to be seen, especially as I'm situated at the top of a hill above the town.

There is beauty in a leafless tree – the bare branches make distinctive patterns, and when the snow comes and I look down at the town from my window, it reminds me of a beautiful Christmas card. The snowfall has to be a very thick one throughout the country for it to lie here, as we are so close to the sea.

Four churches can be seen – the High Kirk, St Cuthbert's, St John's and the Episcopalian Church. I can also see a castle, where a flag flies on special occasions. There is a big high chimney on the far side of the Clyde which is part of a power station and this is an attractive sight when it is illuminated after dark. A short while ago a new building appeared – most people don't approve of it, although it's really quite interesting. It has a very European appearance, and as we're now a member of the EEC, perhaps that's very appropriate!

In the month of May all the hills can be seen, covered with gorse – but there was far more of its beautiful yellow blossom visible before the conifers took over, just as they have done throughout the whole of the country. Because of this, a good number of the indigenous birds have now disappeared, as have the wild flowers.

Far away on the horizon I can see the Great and Little Cumbrae islands very clearly, and sometimes Ailsa Craig. 'Bonnie Mary of Argyll', made famous by our national bard, stands steadfastly above the pier, welcoming tourists.

But my favourite view of all is a flock of starlings flying around the sky, backwards and forwards, till the twilight comes. Then all that can be seen is a hazy cloud of starlings making for the supports below the pier for their night's rest.

CLÀR-AMA
APPENDIX

LIOSTA DE NA H-ARTAIGILEAN ANNS AN ÒRDUGH SAN DEACH AM FOILLSEACHADH ANN AN *GAIRM*

LIST OF THE ARTICLES IN CHRONOLOGICAL ORDER OF PUBLICATION IN THE MAGAZINE *GAIRM*

1. **SGOIL CHOLBHASAIGH**/COLONSAY SCHOOL
   Am Foghar/*Autumn* 1983

2. **AM MEASG NAN CNOCAN DUBHA**/AROUND THE BLACK MOUNT
   An Samhradh/*Summer* 1984

3. **CAMANACHD ANN AN EILEAN CHOLBHASAIGH**/
   SHINTY IN COLONSAY
   An t-Earrach/*Spring* 1993

4. **SEALLADH BHOM UINNEIG**/A VIEW FROM MY WINDOW
   Am Foghar/*Autumn* 1993

5. **AN RIASG BUIDHE**/RIASG BUIDHE
   An Samhradh/*Summer* 1994

6. **LÀITHEAN M' ÒIGE ANNS A' GHLAS ÀIRD**/
   MY YOUNG DAYS IN GLASSARD
   An t-Earrach/*Spring* 1995

7. **EILEAN ORASAIGH**/THE ISLAND OF ORONSAY
   An Geamhradh/*Winter* 1997-1998